Henri J. M. Nouwen

Von der geistlichen Kraft der Erinnerung

Herder

Freiburg · Basel · Wien

Titel der Originalausgabe:
The Living Reminder
© Winston Press, Inc., Minneapolis

Übertragung aus dem Amerikanischen
von Harald Klemm und Thomas Mayer

Umschlagbild:
Ruth Oidtmann, Vorhängescheibe (Privatbesitz).
Werkstätten für Glasmalerei Dr. H. Oidtmann, Linnich

Alle Rechte vorbehalten – Printed in Germany
© Verlag Herder Freiburg im Breisgau 1984
Imprimatur. – Freiburg im Breisgau, den 25. Juli 1984
Der Generalvikar: Dr. Schlund
Herstellung: Freiburger Graphische Betriebe 1984
ISBN 3-451-20253-0

Inhalt

Prolog – Auf der Suche nach Einklang   7

Durch Erinnern heilen

Einleitung 13
Die Wunden 14
Die Heilung 19
Der Heilende 24
Schluß 30

Durch Erinnern Halt geben

Einleitung 35
Der Halt 37
Halt geben 41
Von dem, der anderen Halt gibt 47
Schluß 52

Durch Erinnern führen

Einleitung 57
Die Führung 60
Das Führen 63
Der Führer 67
Schluß 74

Epilog – Bekennen als Beruf 77

Prolog
Auf der Suche nach Einklang

Wo liegen die Quellen geistlichen Lebens für einen Geistlichen? Was bewahrt ihn davor, ein abgestumpfter, mürrischer lauwarmer Bürokrat zu werden, ein Typ, der viele Projekte, Pläne und Verabredungen hat, dessen Herz aber irgendwo im Gewirr seiner Aktivitäten verlorengegangen ist? Was erhält einen Geistlichen tatkräftig und engagiert? Was gibt ihm die Kraft, mit einem lebendigen Sinn für das Wunder, die Freude, erfüllt von Dank und Lob zu predigen und zu unterrichten, Menschen zu beraten und Gottesdienst zu feiern?

Das sind die Fragen dieses Buches. Sie betreffen die Beziehungen zwischen dem beruflichen und dem persönlichen Leben derer, die im Dienst des Evangeliums arbeiten wollen. Es geht also darum, die Verknüpfung zwischen geistlichem Amt und geistlichem Leben sorgfältig zu erforschen.

Das geistliche Amt ist Dienst im Namen des Herrn. Es ist dazu da, „den Armen die frohe Botschaft zu bringen, den Gefangenen Befreiung zu verkündigen und den Blinden das Augenlicht, die Zerschlagenen zu befreien und ein Gnadenjahr des Herrn auszurufen" (Lk 4,18). Geistliches Leben ist die Aufmerksamkeit auf das Leben des Geistes in uns; es treibt uns hinaus in die Wüste oder hinauf auf den Berg, um zu beten; in diesem Geist stehen wir vor dem Herrn mit offenem Herzen und offenem Bewußtsein; und so rufen wir „Abba, Vater" und betrachten die unaussprechliche Schönheit unseres liebenden Gottes.

Wir sind in die Versuchung geraten, das geistliche Amt vom geistlichen Leben zu trennen, den Dienst vom Gebet. Eine Stimme in uns sagt, „wir haben viel zu tun, um zu beten; wir müssen auf zu viel Not achten, zu vielen Menschen Antwort geben, zu viele Wunden heilen. Gebet ist ein Luxus, etwas, das man in einer freien Stunde tun kann, an einem Ferientag oder in den Exerzitien. Die wenigen, die sich das Gebet ausschließlich zur Aufgabe gemacht haben – wie Trappisten, die Armen Clarissinnen und einige Einsiedler –, sind eben nicht mit einem geistlichen Amt betraut. Sie sind freigestellt für die ausschließliche Kontemplation und überlassen den Dienst des Christen anderen." Aber so zu denken ist schädlich; schädlich für Geistliche ebenso wie für Mitglieder kontemplativer Orden. Dienst und Gebet können niemals voneinander getrennt werden; sie sind aufeinander bezogen wie das Yin und Yang des japanischen Kreises.

In diesem Buch möchte ich den Zusammenhang zwischen geistlichem Amt und geistlichem Leben entfalten, um zu zeigen, wie der Dienst Gebet sein kann und das Gebet Dienst. Nach reiflicher Überlegung fand ich, daß der beste Weg, um dem nachzugehen, der sein würde, das geistliche Amt als ein „Erinnern" und den Geistlichen als lebendige Erinnerung an Jesus Christus anzusehen. Sowohl im Alten wie im Neuen Testament hat „erinnern" eine zentrale Stellung. Abraham Joshua Heschel sagt: „Vieles von dem, was die Bibel verlangt, kann zusammengefaßt werden in einem Wort: erinnern."[1] Und Nils Dahl sagt über das frühe Christentum: „Die erste Verpflichtung des Apostels angesichts der Gemeinde – abgesehen von der Gründung – ist die, den Gläubigen ins Gedächtnis zu rufen, was sie empfangen haben und schon wissen – oder wissen sollten."[2] So treffen wir den Kern der biblischen Überlieferung, wenn wir das geistliche Amt im Kontext des Sich-Erinnerns ins Auge fassen. Darum werde ich unsere geistlichen Quellen so erörtern, daß ich den Geistlichen als jemand darstelle, der erinnert.

Zuerst als jemanden, der durch Erinnern heilt, zweitens als jemanden, der durch Erinnern Halt gibt, drittens als jemand, der durch Erinnern führt. Die Begriffe „heilen", „Halt geben" und „führen" sind auf meisterhafte Weise von Seward Hiltner in seiner „Einführung in die Pastoraltheologie"[3] erörtert worden. In den drei folgenden Kapiteln möchte ich die gleichen Worte gebrauchen, um auszudrücken, wie sehr ich Seward Hiltner als meinem Lehrer verpflichtet bin und um etwas von meiner Überzeugung mitzuteilen, daß Quellen geistlichen Lebens sich inmitten unseres Dienstes suchen und finden lassen.

Darüber hinaus werden diese Begriffe helfen, eine Verbindung herzustellen zwischen unseren gegenwärtigen Problemen mit dem geistlichen Leben und den vielen neuen Einsichten in zwischenmenschliche Beziehungen, die uns in den letzten Jahrzehnten aus den Sozialwissenschaften zugewachsen sind und die wir in die Praxis des geistlichen Amtes eingeführt haben.

Durch Erinnern heilen

Einleitung

Lassen sie mich mit einer Geschichte über Elie Wiesel beginnen. 1944 wurden alle Juden der ungarischen Stadt Sighet zusammengetrieben und in Konzentrationslager deportiert. Elie Wiesel, ein heute berühmter Romanautor, war einer von ihnen. Er überlebte den Holocaust, und zwanzig Jahre später kehrte er zurück, um seine Heimat wiederzusehen. Was ihn am meisten schmerzte, war, daß die Leute von Sighet die Juden aus ihrem Gedächtnis ausradiert hatten. Er schreibt:

„Ich war nicht zornig über die Leute von Sighet ... weder, weil sie ihre Nachbarn von gestern vertrieben hatten, noch, weil sie sie verleugnet hatten. Wenn ich überhaupt zornig war, dann darüber, daß man sie vergessen hatte. So schnell, so vollständig ... Die Juden sind nicht nur aus der Stadt vertrieben worden, sondern auch aus der Zeit."[1]

Diese Erzählung zeigt, daß es eine größere Sünde sein kann, unsere Sünden zu vergessen, als sie zu begehen. Warum? Weil etwas, das vergessen ist, nicht geheilt werden kann, und das, was nicht geheilt werden kann, leicht die Ursache für größeres Übel wird.

In seinen vielen Büchern über den Holocaust erinnert uns Elie Wiesel nicht deswegen an Auschwitz, Buchenwald und Treblinka, um unser Gewissen mit gesteigerten Schuldgefühlen zu quälen, sondern um unseren Erinnerungen die Möglichkeit der Heilung zu bieten und so noch schlimmeres Unglück zu verhindern.

Ein vergessenes Auschwitz führt zu einem Hiroshima, und ein vergessenes Hiroshima kann die Zerstörung unserer Welt verursachen. Wenn wir unsere Vergangenheit wegschneiden, lähmen wir unsere Zukunft. Wenn wir das Übel hinter uns vergessen, beschwören wir das Übel vor uns. George Santayanna hat gesagt: „Wer die Vergangenheit vergißt, ist dazu verurteilt, sie zu wiederholen."

Dessen eingedenk würde ich gern überlegen, wie der Geistliche heilen kann als einer, der erinnert. Indem er unsere verwundete Vergangenheit heilt, kann er eine neue Zukunft eröffnen. Ich werde drei Bereiche ansprechen. Die Wunden, die Heilung und den Heilenden.

Die Wunden

Der französische Schriftsteller und Politiker André Malraux schreibt in seinen Anti-Memoiren: „Eines Tages wird man erkennen, daß die Menschen sich durch die Gestalt, die ihre Erinnerungen annehmen, ebenso voneinander unterscheiden lassen wie durch ihren Charakter."[2]

Dies ist eine wichtige Beobachtung. Je älter wir werden, an desto mehr erinnern wir uns, und irgendwann bemerken wir, daß das meiste, wenn nicht alles von dem, was wir haben, Erinnerung ist.

Unsere Erinnerung spielt in unserem Verständnis des Daseins eine zentrale Rolle.

Unsere Schmerzen und Freuden, unsere Gefühle von Kummer und Zufriedenheit hängen nicht einfach ab von den Ereignissen in unserem Leben, sondern auch – und das sogar weit mehr – von der Art, in der wir uns an diese Ereignisse erinnern. Die Ereignisse in unserem Leben sind wahrscheinlich weniger wichtig als die Form, die sie in der Gesamtheit unserer Lebensgeschichte annehmen.

Verschiedene Leute erinnern sich an die gleiche Krankheit, einen Unfall, Erfolg oder eine Überraschung in sehr unterschiedlicher Weise, und viel von ihrem Selbstbewußtsein leitet sich weniger von dem her, was geschehen ist, als davon, wie sie sich an das Geschehene erinnern, welchen Platz sie den vergangenen Ereignissen in ihrer eigenen, persönlichen Geschichte eingeräumt haben.

Es ist daher nicht weiter überraschend, daß die meisten unserer menschlichen Gefühle in enger Verbindung mit unserer Erinnerung stehen.

Gewissensbisse sind eine bedrückende Erinnerung, Schuld ist eine anklagende Erinnerung, Dankbarkeit ist eine freudige Erinnerung, und all diese

Gefühle sind tief beeinflußt davon, wie wir vergangene Erlebnisse in unser Dasein in dieser Welt einbezogen haben. In der Tat: wir nehmen unsere Welt mit unseren Erinnerungen wahr. Unsere Erinnerungen helfen uns, neue Eindrücke zu ordnen und zu verstehen und geben ihnen einen Platz in unseren vielfältigen Lebenserfahrungen.

Ich bin immer davon fasziniert gewesen, wie Einwanderer, besonders Holländer, auf die USA reagieren, wenn sie das erste Mal hierherkommen. Der erste Versuch, sich in ihrer neuen Heimat häuslich einzurichten, besteht darin, sich Dinge anzusehen, die sie an die alte Heimat erinnern. Dann beginnen sie, all die Dinge anzusehen, die ausgedehnter, größer, großzügiger und gewaltiger sind als zu Hause. Schließlich, oft nach mehreren Jahren, beginnen sie Dinge im Land selber zu vergleichen: den Osten mit dem Westen, die Stadt mit dem Land. Wenn das geschieht, sind sie zu Hause. Dann haben sie sich einen Vorrat an Erinnerungen in den USA aufgebaut, der groß genug ist, nun seine verschiedenen Teile und Aspekte miteinander zu vergleichen.

Diese Beobachtungen zeigen, welche entscheidende Rolle unser Gedächtnis für die besondere Art unserer Lebenserfahrung spielt. Darum sind in allen helfenden Berufen – wie der Medizin, Psychiatrie, Psychologie und Sozialarbeit – die ersten Fragen immer auf die Erinnerung des Patienten oder Klienten gerichtet. „Bitte erzählen Sie mir Ihre Geschichte. Was führt Sie hierher? Welches sind die Erlebnisse,

Die Wunden

die Sie jetzt und hier an diesen Ort führten?" Und es ist klar, daß Ärzte und Therapeuten nicht Erlebnisse, sondern Erinnerungen an Erlebnisse zu hören bekommen.

Es ist keine Übertreibung, wenn wir sagen, daß das Leiden, dem wir am häufigsten in unserem Dienst begegnen, ein Leiden an Erinnerungen ist.

Es sind die Wunden der Erinnerungen, die nach Heilung verlangen. Gefühle der Entfremdung, Einsamkeit, Trennung; Gefühle der Unruhe, Angst, des Mißtrauens; und damit in Beziehung stehende Symptome wie Nervosität, Schlaflosigkeit, Nägelknabbern – dies alles ist Teil der Gestalt, die gewisse Erinnerungen angenommen haben. Diese Erinnerungen verletzen, weil sie oft tief versteckt in unserem Innersten und sehr schwer zu erreichen sind. Während positive Erinnerungen uns in äußeren Zeichen gegenwärtig sein können: in Trophäen, Auszeichnungen, Diplomen, wertvollen Steinen, Vasen, Ringen und Bildern, neigen schmerzliche Erinnerungen dazu, vor uns versteckt in einer Ecke unseres Vergessens zu bleiben. Von diesem versteckten Ort aus entziehen sie sich der Heilung und verursachen soviel Leid.

Unsere erste und spontanste Antwort auf unsere unerwünschten Erinnerungen ist, sie zu vergessen.

Wenn irgend etwas Schmerzliches geschehen ist, sagen wir uns selber und anderen schnell: „Laß uns das vergessen, laß uns tun, als ob nichts geschehen sei, laß uns nicht darüber sprechen, laß uns an schönere Dinge denken." Wir wollen die Schmerzen der Vergangenheit vergessen – unsere persönlichen, gemeinsamen und nationalen seelischen Erschütterungen – und leben, als ob sie nicht wirklich geschehen seien.

Aber, wenn wir uns nicht an sie erinnern, erlauben wir den vergessenen Erinnerungen, eigenmächtige Kräfte zu werden, die eine verkrüppelte Wirkung auf unser Leben als menschliche Wesen ausüben können. Wenn dies geschieht, werden wir uns selbst gegenüber fremd, weil wir dann unsere eigene Geschichte auf einen angenehmen, bequemen Umfang zurechtschneiden und so versuchen, sie unseren Tagträumen anzupassen.

Die Vergangenheit zu vergessen heißt, unseren inneren Lehrer gegen uns zu kehren. Wenn wir uns weigern, unsere schmerzlichen Erinnerungen ins Auge zu fassen, verpassen wir die Chance, unsere Herzen zu ändern und in der Reue reifer zu werden. Wenn Jesus sagt: Die Gesunden bedürfen des Arztes nicht, aber die Kranken (Mk 2, 17), so bestätigt er, daß nur die für eine Heilung zugänglich werden, die ihren wunden Zustand zu sehen wagen und daß sich nur so eine neue Lebensweise für sie eröffnet.

Die Heilung

Wie werden wir von den Wunden unserer Erinnerungen geheilt? Wir werden vor allem dadurch geheilt, daß wir sie zulassen, indem wir sie aus der Ecke des Vergessenwollens herausführen und uns an sie als an einen Teil unserer Lebensgeschichte erinnern. Was vergessen ist, ist unzugänglich, und was unzugänglich ist, kann nicht geheilt werden.

Max Scheler zeigt, wie Erinnern uns von der festlegenden Macht vergessener schmerzlicher Ereignisse befreit. „Sich Erinnern", sagt er, „ist der Anfang der Freiheit von der heimlichen Macht der erinnerten Sache oder des erinnerten Ereignisses."

Wenn Geistliche diejenigen sind, die erinnern, ist es ihre erste Aufgabe, den Raum zu schaffen, in dem die verletzenden Erinnerungen der Vergangenheit erreicht und ohne Angst ans Licht gebracht werden können. Wenn der Ackerboden nicht umgepflügt wird, kann der Regen die Saat nicht erreichen; wenn die Blätter nicht weggerecht werden, kann die Sonne die versteckten Pflanzen nicht nähren. So kann das Wort Gottes keine Frucht tragen, wenn unsere Erinnerungen mit Furcht, Angst oder Mißtrauen bedeckt sind.

Einer zu sein, der erinnert, erfordert ein dynamisches Verständnis vom Leben und Verhalten derer, die erinnert werden müssen, ein Verständnis, das

Einblick in die vielen psychischen Kräfte bietet, von denen schmerzliche Erinnerungen zurückgewiesen werden. Anton Boisen, der Vater der Clinical Pastoral Education Bewegung, plädierte für dieses dynamische Verständnis, als er eine ‚Theologie durch lebendige menschliche Dokumente' vorschlug. Viele seelsorgerlich arbeitende Theologen und Psychologen haben dieses Verständnis mit Hilfe und durch Anregung der gegenwärtigen Humanwissenschaften vertieft.

In den letzten Jahrzehnten sind theologische Erzieher in zunehmendem Maße von der Wichtigkeit dieses dynamischen Zugangs zum geistlichen Amt überzeugt worden und die vielen Zentren für Clinical Pastoral Education haben einen großartigen Beitrag in dieser Richtung geleistet.

Aber seit einigen Jahren kommen neue Fragen auf. Hat die übermäßig starke Betonung der komplexen Psychodynamik menschlichen Verhaltens nicht eine Situation geschaffen, in der der Geistliche sich für den Empfänger der Botschaft mehr interessiert als für die Botschaft selbst? Haben wir uns nicht in die Sprache der Humanwissenschaften mehr vertieft als in die Sprache der Bibel? Sprechen wir nicht über die Menschen mehr als über Gott, in dessen Namen wir zu den Leuten kommen? Fühlen wir uns nicht beim Psychologen und Psychiater besser aufgehoben als beim Priester? Manchmal haben diese Fragen einen anklagenden und selbstgerechten Ton, aber oft werden sie gestellt mit dem ehrlichen Verlangen,

Die Heilung

weiterzukommen bei voller Wertschätzung für das, was wir gelernt haben. Solche Fragen fordern dazu heraus, über die Aufgabe des Annehmens hinauszusehen. Annahme ist nur ein Aspekt des Heilungsprozesses. Der andere Aspekt ist es, Verbindungen herzustellen.

Die große Berufung des Geistlichen ist es, beständig Verbindungen zwischen der menschlichen und der göttlichen Geschichte herzustellen.

Wir haben eine Geschichte geerbt, die so erzählt werden müßte, daß die vielen schmerzlichen Wunden, von denen wir Tag für Tag hören, aus ihrer Isolation befreit und als Teil der Beziehung Gottes zu uns aufgedeckt werden. Heilen bedeutet aufzudecken, daß unsere menschlichen Wunden aufs engste mit dem Leiden Gottes selbst verbunden sind.

Eine lebendige Erinnerung an Jesus Christus zu sein bedeutet daher, die Verbindungen aufzudecken zwischen unseren geringen Leiden und der großen Geschichte von Gottes Leiden in Jesus Christus, zwischen unserem kleinen Leben und dem großen Leben Gottes mit uns. Indem wir unsere schmerzlichen, vergessenen Erinnerungen aus der ichbezogenen, individualistischen, privaten Sphäre emporholen, heilt Jesus Christus unsere Schmerzen. Er setzt sie zu dem Schmerz der ganzen Menschheit in Beziehung, zu einem Schmerz, den er auf sich nahm und umwandelte. Heilen bedeutet dann nicht primär, Schmerzen wegzunehmen, sondern aufzudecken, daß unsere Schmerzen Teil eines größeren

Schmerzes sind, daß unsere Sorgen Teil einer größeren Sorge sind, daß unsere Erfahrung Teil der großen Erfahrung dessen ist, der sagte: Mußte nicht Christus solches leiden und in Gottes Herrlichkeit eingehen? (vgl. Lk 24,26)

Wenn wir die menschliche Geschichte mit der Geschichte des leidenden Gottesknechtes verbinden, befreien wir unsere Geschichte von ihrer fatalistischen Verkettung und geben unserer Zeit die Möglichkeit, vom Chronos in den Kairos umgewandelt zu werden, von einer Reihe wahllos gegliederter Ereignisse und Unglücksfälle in die beständige Möglichkeit, Gottes Wirken in unserem Leben zu erfahren. Wir finden ein wunderschönes Beispiel für das Aufdecken dieses Zusammenhanges in Martin Luthers seelsorgerlichem Brief an den Kurfürsten Friedrich von Sachsen. Er schreibt:

„Als ich daher erfuhr, hochverehrter Fürst, daß Euer Ehren von einer ernsten Krankheit betroffen wurden und daß zu gleicher Zeit Christus in Euch krank geworden sei, hielt ich es für meine Pflicht, Euer Ehren mit einem kleinen Schreiben von meiner Seite zu besuchen. Ich kann nicht behaupten, daß ich die Stimme Christi, die aus Euer Ehren Leib und Fleisch nach mir schreit, nicht hören würde, die da sagt: ‚Sieh mich an, ich bin krank.' Das ist so, weil solche Übel wie Krankheit und Ähnliches nicht aus uns geboren werden, die Christen sind, sondern durch Christus selbst, unseren Herrn und Heiland, in dem wir leben ..."[2]

Unser ganzer Dienst ruht auf der Überzeugung, daß nichts, aber auch gar nichts in unserem Leben aus dem Herrschaftsbereich des Gerichts und des Erbarmens Gottes herausfällt. Wenn wir Teile unserer Geschichte verbergen, nicht nur vor unserem eigenen Bewußtsein, sondern auch vor Gottes Auge, dann beanspruchen wir eine gottgleiche Rolle für uns selbst; wir machen uns zu Richtern über unsere eigene Vergangenheit und schränken das Erbarmen über unsere eigenen Ängste ein. Auf diese Weise trennen wir uns nicht nur von unserem eigenen Leiden, sondern auch von Gottes Leiden für uns. Die Herausforderung des geistlichen Amtes besteht darin, Menschen in sehr konkreten Situationen zu helfen – Menschen mit Krankheiten oder in Sorge. Menschen mit physischen und psychischen Behinderungen, Menschen, die unter Armut und Unterdrückung leiden, Menschen, die im komplizierten Netz säkularer oder religiöser Institutionen verfangen sind – ihre Geschichte als Teil des voranschreitenden, erlösenden Handelns Gottes in der Welt zu sehen und zu erfahren. Diese Einsichten und Erfahrungen heilen genau deswegen, weil sie die zerbrochene Verbindung zwischen der Welt und Gott wiederherstellen und eine neue Einheit schaffen, in den Erinnerungen, die einstmals nur destruktiv zu sein schienen, jetzt in Anspruch genommen werden als Teil eines Erlösungsgeschehens.

Der Heilende

Der Geistliche als lebendiger Erinnerer an Gottes große Taten in der Geschichte ist dazu berufen, dadurch zu heilen, daß er Menschen an ihre verwundete Vergangenheit erinnert und ihre Wunden in Beziehung setzt zu den Wunden der ganzen Menschheit, die durch das Leiden Gottes in Christus versöhnt ist. Aber worin bestehen aus dieser Sicht die Konsequenzen für das persönliche Leben des Geistlichen? Die Versuchung liegt nahe, nun die „Wie"-Frage zu stellen: „Wie kann ich eine lebendige Erinnerung an Gott werden; wie kann ich annehmen und Verbindung herstellen; wie kann ich die individuelle Geschichte in die Geschichte Gottes einbringen?" Diese Fragen sind insofern eine Versuchung, als sie die viel elementarere Frage vermeiden: „Wer bin ich selber als lebendige Erinnerung an Gott?"

Die Hauptfrage ist tatsächlich nicht eine Frage des Handelns, sondern des Seins. Wenn wir vom Geistlichen als jemandem reden, der durch sein Leben an Gott erinnert, dann sprechen wir nicht von einer technischen Spezialisierung, die durch die Anwendung bestimmter Werkzeuge, Techniken und Fertigkeiten gemeistert werden kann, sondern von einer Art zu sein, die das gesamte Leben einschließt: Arbeiten und Ausruhen, Essen und Trinken, Beten und Spielen, Handeln und Warten. Vor aller beruflichen

Fertigkeit brauchen wir eine Spiritualität, eine Form des Lebens im Geist, durch die alles, was wir sind, und alles, was wir tun, zu einer Form des Erinnerns wird. Eine Möglichkeit, um das auszudrücken, besteht darin, daß wir sagen: Um jemand zu sein, der durch sein Leben an den Herrn erinnert, müssen wir wie Abraham in seiner Gegenwart leben. In der Gegenwart des Herrn zu leben, heißt, sich im Leben auf eine solche Weise vorwärtszubewegen, daß all unsere Wünsche, Gedanken und Handlungen unausgesetzt von ihm geleitet sind. Wenn wir in der Gegenwart des Herrn leben, dann erinnert uns alles, was wir sehen, hören, berühren oder kosten, an ihn.

Das ist mit einem vom Gebet erfüllten Leben gemeint. Es handelt sich nicht um ein Leben, in dem wir viele Gebete sprechen, sondern ein Leben, in dem nichts, aber auch gar nichts unabhängig von ihm getan, gesagt oder verstanden wird, der Ursprung und Zweck unserer Existenz ist. Bei dem russisch-orthodoxen Staretz des 19. Jahrhunderts Theophan dem Einsiedler kommt dies kraftvoll zum Ausdruck:

„In jede Pflicht muß ein gottesfürchtiges Herz hineingelegt werden, ein Herz, das beständig durchdrungen ist von dem Gedanken an Gott; das wird dann die Tür sein, durch welche die Seele eintritt in das aktive Leben ... Das Wesentliche ist, im Gedenken an Gott zu Hause zu sein und in seiner Gegenwart zu leben."[3]

Damit betont Theophan der Einsiedler nachdrücklich, daß unsere Gedanken und unser Herz auf den Herrn gerichtet sein sollten und wir die Welt in und durch ihn sehen und verstehen sollen. Dies ist die Herausforderung an den Christen und insbesondere an den Geistlichen. Es ist die Aufforderung, durch unsere so gründliche Entfremdung hindurchzubrechen und ein Leben vollständiger Beziehung zu leben.

Die Strategie der versucherischen Gewalten ist es, uns abzutrennen, uns von der Erinnerung an Gott abzuschneiden. Es ist nicht schwer zu entdekken, wie viele unserer geschäftigen Aktionen und unserer ruhelosen Unternehmen zusammenhanglos zu geschehen scheinen. Sie erinnern uns an nichts mehr als an die Unordnung in unserer eigenen Orientierung und Bindung. Wenn wir uns nicht mehr in der Gegenwart des Herrn wissen, können wir nicht lebendig an seine göttliche Gegenwart in unserem Leben erinnern. Wir werden dann sehr schnell Fremde in einem fremden Land, die vergessen haben, wo sie herkommen und wohin sie gehen. Dann sind wir nicht mehr der Weg zur Erfahrung Gottes, sondern stehen ihr eher im Weg. Dann beginnen wir, anstatt in Gottes Gegenwart, in einem schlimmen Kreislauf zu leben und andere mit hineinzuziehen.

Auf den ersten Blick mag dies ziemlich fromm und weltfremd scheinen. Der professionelle Eifer hat uns allzulange den unmittelbaren Bezug zu jener Realität verbaut, mit der verbunden zu sein wir berufen sind, nicht so sehr, durch das, was wir tun, als vielmehr damit, wer wir sind.

In den letzten Jahren fiel mir auf, daß ich ständig versucht bin zu meinen: Der Wert meiner Präsenz hänge von dem ab, was ich sage oder tue. Und trotzdem wird mir täglich klarer, daß dieser Leistungswille mich daran hindert, Gott durch mich sprechen zu lassen, wie immer er es möchte.

Keinesfalls unterschätze ich die Wichtigkeit der Vorbereitung auf das geistliche Amt. Ich denke nur, daß diese Vorbereitung mehr Früchte tragen wird, wenn sie eingebunden ist in den Kontext einer Spiritualität, einer Lebensweise, in der es uns primär darum geht, nicht mit Menschen, sondern mit Gott zu sein – eine Spiritualität, die uns hilft, unseren Auftrag als Diener Gottes von unserem Bedürfnis zu unterscheiden, gemocht, gelobt oder respektiert zu werden.

Jahre hindurch haben wir die Vorstellung entwickelt, daß es unsere größte und erste Berufung sei, für die Leute in allen ihren Nöten dazusein. Die Bibel scheint dies nicht zu unterstützen. Das erste Anliegen Jesu war es, seinem Vater zu gehorchen, beständig in seiner Gegenwart zu leben. Nur dadurch wurde ihm seine Aufgabe in seiner Beziehung zu den Menschen deutlich. Das ist auch der Weg, den er seinen Jüngern vorschlägt. „Dadurch wird mein Vater verherrlicht, daß ihr viel Frucht tragt und meine Jünger werdet" (Joh 15,8).

Vielleicht müssen wir uns dauernd daran erinnern, daß das erste Gebot, das von uns fordert, Gott mit unserem ganzen Herzen und unserer ganzen Seele und unserer ganzen Kraft zu lieben, wirklich das erste ist. Ich frage mich, ob wir das wirklich glauben. Leben wir im Grunde nicht so, als ob wir unserem Nächsten so viel von unserem Herzen, unserer Seele, unserer Kraft geben sollten, wie nur möglich, während wir angestrengt versuchen, Gott nicht zu vergessen? Am Ende merken wir, daß unsere Hinwendung sogar geteilt werden müßte zwischen Gott und unserem Nachbarn.

Aber Jesu Anspruch ist viel radikaler. Er fordert eine aufrichtige Bindung an Gott und Gott alleine. Gott will unser ganzes Herz, unsere ganze Kraft, unsere ganze Seele. Es ist diese bedingungslose und rückhaltlose Liebe zu Gott, die uns zur Sorge für unseren Nachbarn führt, nicht als eine Aktivität, die uns von Gott ablenkt oder mit unserer Hinwendung zu Gott konkurriert, sondern als ein Ausdruck unserer Liebe zu Gott, der sich uns selbst als der Gott aller Menschen offenbart. Es liegt in Gott, daß wir unsere Nächsten finden und unsere Verantwortung für sie entdecken. Wir könnten sogar sagen, daß nur in Gott unser Nachbar ein Nächster wird, ohne unsere Autonomie zu verletzen, und daß nur in und durch Gott Dienst möglich wird.

Zunächst scheint dies der weithin geteilten Meinung zu widersprechen, daß wir zur Kenntnis Gottes nur durch das Verhältnis zu unseren Mitmenschen kommen, und daß Dienst am Nächsten auch Dienst an Gott ist. Dieser Gesichtspunkt ist stark verwurzelt in unserer persönlichen Erfahrung und hat so eine unmittelbare Überzeugungskraft. In der Tat ist es wahr, daß Gott uns im Nächsten begegnen kann, aber es ist entscheidend für unser Amt, daß wir unser Verhältnis zu Gott nicht mit unserem Verhältnis zu unserem Nächsten verwechseln. Weil Gott uns zuerst liebte, deshalb können wir unsere Nächsten eher lieben als etwas von ihnen zu verlangen.

Das erste Gebot der Liebe bekommt konkrete Gestalt durch das zweite; das zweite Gebot wird möglich durch das erste. Das erste und das zweite Gebot sollten nie voneinander getrennt werden oder einander ausschließen, noch sollten sie vermischt oder das eine durch das andere ersetzt werden. Darum ist das zweite dem ersten Gebot gleich und darum basiert das ganze geistliche Amt auf unserer persönlichen und gemeinsamen Beziehung zu Gott.

Das meint Dietrich Bonhoeffer in seinen Büchern „Sanctorum communio" und „Nachfolge". Das ist auch die Kernaussage von Thomas Mertons Schriften, und es war die Vorstellung aller großen Christen, die die wachsende Vertrautheit mit Christus als die Quelle all ihres Handelns ansehen.

Um lebendig an Gott zu erinnern, müssen wir daher zu allererst um unsere eigene Vertrautheit mit Gott besorgt sein. Einmal haben wir das Wort, das Leben ist, gehört, geschaut und berührt, wir können nicht anders, als die Menschen durch unser Leben daran zu erinnern. Wenn unser Leben einmal mit dem Leben Gottes verbunden ist, werden wir von ihm reden, sein Lob singen und seine großen Taten verkünden, nicht aus Verpflichtung, sondern in freier, unmittelbarer Antwort. Damit diese Antwort fortdauert und orientiert bleibt an den Nöten derer, denen wir dienen, brauchen wir Disziplin, Bildung und Übung. Aber dies vermag nicht viel mehr, als Kanäle hin zur gelebten Erfahrung Gottes anzubieten.

Schluß

In diesen Überlegungen zur heilenden Funktion des Erinnerns habe ich drei Punkte behandelt. Zuerst, es obliegt den Dienern im geistlichen Amt, zu heilen, indem sie erinnern. Zweitens, sie erinnern, indem sie die Wunden unserer persönlichen Vergangenheit akzeptieren und sie mit den Verletzungen der Menschheit, die Gott selbst erlitten hat, verknüpfen. Schließlich geschieht dieses Erinnern nicht so sehr auf Grund dessen, was Geistliche sagen oder tun, sondern insoweit, wie ihr eigenes Leben in Jesus Christus mit Gott verbunden ist. Das bedeutet: Einer zu sein, der durch Erinnern heilt, erfordert Spiritualität, ein geistliches Verbundensein, einen Weg, mit Gott vereint zu leben. Was bedeutet das für das tägliche Leben des Geistlichen?

Es bedeutet, daß Beten nicht im Sinn von Gebeten, sondern im Sinne eines Lebens voller Gebet, eines Lebens im Verbundensein mit Christus unser erstes und ausschlaggebendes Bemühen sein sollte.

Es bedeutet, daß in einem Leben der Verbundenheit mit Christus die Bedürfnisse unseres Nächsten und das Wesen unseres Dienstes erschlossen sind.

Es bedeutet, daß alle Übung und Bildung dazu bestimmt sind, dieses Erschließen zu ermöglichen, und daß die Einsichten der Humanwissenschaften als Hilfe in diesem Prozeß anzusehen sind.

Es bedeutet, daß Beten sich nicht außerhalb unseres pastoralen Dienens vollziehen kann. Wenn wir heilen, indem wir einander an Gott in Christus erinnern, dann müssen wir die Absicht Christi selbst haben, so zu handeln. Daher ist das Gebet unerläßlich.

Schließlich bedeutet es, daß, was zählt, nicht unser Leben ist, sondern das Leben Christi in uns. Letzten Endes ist es Christus in uns, von dem Heilung kommt. Nur Christus kann durch unsere menschliche Entfremdung hindurchbrechen und unsere zerbrochenen Verbindungen zueinander und mit Gott wieder-herstellen.

Durch Erinnern Halt geben

Einleitung

Wiederum möchte ich mit Elie Wiesel beginnen. In „Die Stadt hinter der Mauer"[1] und „Ein Bettler in Jerusalem"[2] beschwört Wiesel auf meisterhafte Art die tragende Kraft der Freundschaft. In beiden Büchern geht diese Halt schenkende Kraft nicht einfach von einem Freund aus, sondern von der Erinnerung an einen Freund.

In „Die Stadt hinter der Mauer" durchlebt Michael Folterungen, verliert aber den Verstand deswegen nicht, weil Pedro, sein abwesender Freund, in seiner Erinnerung lebendig bleibt und ihn so mitten im Todeskampf aufrechthält. Und in „Ein Bettler in Jerusalem" wird David in seinen Kämpfen durch die Erinnerung an seinen Freund Katriel aufrecht gehalten, der während des israelischen Sechs-Tage-Krieges gefallen war. Dies ist ein zentrales Thema in den Schriften Wiesels. Er will uns nicht nur an die Wunden unserer Lebensgeschichten erinnern, sondern auch an die tiefen gefühlsmäßigen Bindungen. So wie uns die Erinnerung an vergangene Wunden davor bewahren kann, Böses zu wiederholen, das uns verwundete, so kann uns auch die Erinnerung an Liebe in den Kämpfen des Alltags Kraft geben. In seinen

Erzählungen spricht Wiesel die tiefe Wahrheit aus, daß die Erinnerung uns nicht nur mit unserer Vergangenheit verbindet, sondern uns auch in der Gegenwart am Leben erhält. Er berührt hier ein Geheimnis, das tief in der biblischen Tradition verankert ist.

Wenn Israel Gottes große Taten der Liebe und des Erbarmens in Erinnerung ruft, dann tritt es selber in die Geschichte dieser Taten ein. Sich zu erinnern, bedeutet nicht nur, auf vergangene Ereignisse zurückzublicken, sondern viel schwerer wiegt, daß damit diese Ereignisse in die Gegenwart gebracht und hier und jetzt gefeiert werden. Für Israel bedeutet Sich-Erinnern Teilhabe.

Brevard S. Childs schreibt: „Der Akt des Erinnerns dient dazu, die Vergangenheit für eine Generation zu aktualisieren, die zeitlich von diesen früheren Ereignissen entfernt ist, damit sie selbst zu einer persönlichen Begegnung mit den großen Taten der Erlösung finden kann ... Obwohl durch Raum und Zeit von der Sphäre der Offenbarung Gottes in der Vergangenheit getrennt, ist doch der Abgrund überbrückt durch Erinnerung, und das Volk im Exil versammelt sich von neuem unter der Erlösungsgeschichte."[3]

Für die biblische Tradition ist es zentral, daß Gottes Liebe nicht in Vergessenheit geraten darf. Sie soll auch jetzt bei uns bleiben. Wenn alles finster erscheint, wenn wir von Stimmen der Verzweiflung umgeben sind, wenn wir keinen Ausweg mehr sehen, dann können wir Rettung in der Erinnerung an eine Liebe finden, an eine Liebe, die nicht einfach nur ein sehnsüchtiges Zurückdenken an Vergangenes ist, sondern eine lebendige Kraft, die uns in der Gegenwart trägt. Durch die Erinnerung überschreitet Liebe die Grenzen der Zeit und gibt Hoffnung in jedem Augenblick unseres Lebens.

Das ist die Botschaft der Bibel und zugleich die Botschaft, die Elie Wiesel in den Kontext der Todeskämpfe unseres Jahrhunderts stellt. Es ist ebenso die Botschaft, die den Kern unseres Lebens als Diener der Frohbotschaft Jesu Christi darstellt. Deshalb wollen wir jetzt den Geistlichen als den betrachten, der durch Erinnern Halt gibt. Dabei ergeben sich drei Aspekte.

Der Halt

Es ist eines der Geheimnisse des Lebens, daß die Erinnerung uns oft einander näherbringt, als es die körperliche Gegenwart vermag. Körperliche Gegenwart lädt nicht nur zu vertrauter Kommunikation ein, sondern kann sie ebensosehr verhindern. In unserem Stand des Noch-nicht-auferstanden-Seins verbirgt unser Leib so viel wie er offenbart. Viele unserer Enttäuschungen und Frustrationen im Leben stehen mit der Tatsache in Verbindung, daß einander Sehen und Berühren nicht immer die Nähe schafft, die wir suchen. Je mehr Lebenserfahrung wir haben, desto mehr spüren wir, daß Nähe aus dem Zusammenspiel von Anwesenheit und Abwesenheit erwächst.

In der Abwesenheit, im Empfinden der Trennung, in der Erinnerung suchen wir einander auf neue Weise. Wir werden weniger abgelenkt von den gegenseitigen persönlichen Eigenarten und Empfindlichkeiten und können besser sehen und verstehen, wie wir im Innersten sind.

Wenn ich von zu Hause fort bin, spreche ich mich mit meinen Angehörigen in Briefen meist viel besser aus als wenn ich bei ihnen wäre. Und wenn ich in den Semesterferien unterwegs bin, schreiben mir Studenten in Briefen oft weit mehr, als sie zu sagen vermöchten, wenn ich bei ihnen bin.

In der Erinnerung können wir mit jedem im Geiste verbunden sein. Und das ermöglicht uns, in eine immer tiefere Kommunikation zu treten. Es ist kaum zu bezweifeln, daß Erinnerung Verzerrungen, Entstellungen und Unschärfen im Erkennen mit sich gen kann. Doch ist dies nur ein Aspekt der Erinnerung. Erinnerung vermag ebenso zu klären, zu reinigen, schärfer sehen zu lassen und verborgene Gaben in den Vordergrund zu rücken. Wenn eine Mutter und ein Vater an ihr Kind, das von zu Hause fort ist, denken, wenn ein Kind an seine Eltern denkt, wenn Eheleute sich anrufen, um sich während eines längeren voneinander Getrenntseins ein Zeichen zu geben, wenn ein Freund den anderen anruft, dann sind es oft die besten Seiten, die uns einfallen, und die wirkliche Schönheit des anderen bricht im Bewußtsein durch.

Wenn wir uns aneinander in Liebe erinnern, dann erwecken wir den Geist des anderen und treten so in eine neue Nähe zueinander, in eine neue geistige Vereinigung miteinander ein. Gleichzeitig jedoch läßt uns die liebende Erinnerung immer herbeiwünschen, daß wir einander wieder berühren können, daß wir einander von neuem sehen können, daß wir in das Leben zurückkehren können, das wir geteilt haben, wo der neuentdeckte Geist konkreter als vorher zum Ausdruck kommen und tief eingebettet werden kann in die Gegenseitigkeit der Liebe. Aber eine tiefer erlebte Gegenwart führt immer wieder in eine neue reinigende Abwesenheit. Das fortgesetzte Zusammenspiel zwischen Anwesenheit und Abwesenheit, das durch unser kreatives Erinnern in Gang gehalten wird, reinigt, vertieft und stärkt unsere Liebe zueinander.

Diese Halt gewährende Kraft des Erinnerns wird auf höchst geheimnisvolle Weise sichtbar in Gottes Offenbarung in Jesus Christus. Tatsächlich treten wir durch das Erinnern in eine fruchtbare und tragfähige Beziehung zu Christus ein. In seinen Abschiedsreden sagte Jesus zu seinen Jüngern: „Es ist gut für euch, daß ich fortgehe. Denn wenn ich nicht fortgehe, wird der Beistand nicht zu euch kommen; ... Wenn aber jener kommt, der Geist der Wahrheit, wird er euch in die ganze Wahrheit führen" (Joh

16,7.13). Hier enthüllt Jesus seinen engsten Freunden, daß nur im Erinnern wirkliche Nähe zu ihm möglich sein wird, daß sie nur im Erinnern die volle Bedeutung dessen erleben werden, wovon sie Zeugen waren.

Sie lauschten seinen Worten, sie sahen ihn auf dem Berg Tabor, sie hörten ihn von seinem Tod und seiner Auferstehung sprechen, aber ihre Ohren und Augen blieben verschlossen und sie verstanden ihn nicht. Der Geist, sein Geist, war noch nicht gekommen, und obwohl sie ihn sahen und hörten, ihn berühren konnten, blieben sie ihm fern. Erst später, als er von ihnen gegangen war, konnte sich ihnen sein wahrer Geist offenbaren. In seiner Abwesenheit wurde eine neue und persönlichere Gegenwart möglich, eine Gegenwart, die mitten in den Trübsalen Kraft und Halt gab; und diese Gegenwart schuf das Verlangen, ihn wiederzusehen. Das große Geheimnis der göttlichen Offenbarung besteht darin, daß Gott nicht nur durch das Kommen Christi mit uns in eine persönliche Beziehung eintrat, sondern auch durch sein Weggehen. Tatsächlich geschieht die Vertiefung unserer persönlichen Beziehung zu Christus gerade in seiner Abwesenheit so sehr, daß wir sagen können, er wohne in uns, daß wir ihn unsere Speise und unseren Trank nennen können und daß wir ihn als die Mitte unseres Seins erfahren können.

Daß dies weit davon entfernt ist, nur eine theoretische Vorstellung zu sein, wird an dem Leben von Menschen wie Dietrich Bonhoeffer und Alfred

Delp[4] klar, die Christi Gegenwart mitten in seiner Abwesenheit erfuhren, während sie in den Nazigefängnissen auf den Tod warteten. Bonhoeffer schreibt: „Der Gott, der mit uns ist, ist der Gott, der uns versucht (Mk 15,34) ... Vor Gott und mit Gott leben wir ohne Gott"[5]. So ist die Erinnerung an Jesus Christus viel mehr, als sich vergangene Erlösungstatsachen ins Gedächtnis zu rufen. Es ist ein lebenspendendes Sich-Erinnern, ein Erinnern, das uns hier und jetzt Halt gibt, uns nährt und uns so ein wirkliches Bewußtsein davon verleiht, inmitten der vielen Krisen des täglichen Lebens einen festen Stand zu haben.

Halt geben

Wie gewinnt das geistliche Amt Gestalt als ein Halt gebendes Erinnern an Jesus Christus? Im Blick auf das, was oben über das reifende Zusammenspiel zwischen Abwesenheit und Anwesenheit gesagt wurde, ist deutlich, daß wir noch eingehender den Dienst der Abwesenheit betrachten müssen. Wir leben in einer Kultur und einem sozialen Klima, das ein großes und positives Gewicht auf Anwesenheit legt. Wir meinen, daß es ein Wert an sich sei, anwesend zu sein, und daß dies fast immer besser sei, als abwesend zu sein. Anwesend zu sein, macht einen wesentlichen Teil unseres Berufes als Geistliche aus: bei Patienten und Studenten zu sein, in Gottesdiensten, in Bibelkreisen, bei allen möglichen karitativen Veranstaltungen, bei Einladungen, bei Mahlzeiten, bei Spielen – und außerdem präsent zu sein auf den Straßen unserer Stadt.

Obwohl dieser Dienst des Anwesendseins ohne Zweifel sehr bedeutsam ist, muß er doch abgewogen werden gegen einen Dienst des Abwesendseins. Das ist deswegen notwendig, weil es zum Wesen eines kreativen geistlichen Amtes gehört, den Schmerz über die Abwesenheit des Herrn in ein tieferes Verstehen seiner Gegenwart zu verwandeln. Aber Abwesenheit kann nur verwandelt werden, wenn sie erst einmal erfahren wird. Darum erfüllen Geistliche ihre Aufgabe nicht vollständig, wenn sie nur Gottes Gegenwart bezeugen, die Erfahrung seiner Abwesenheit aber nicht zulassen. Wenn es wahr ist, daß Geistliche eine lebendige Erinnerung an Jesus Christus sind, dann müssen sie nach Wegen suchen, auf denen nicht nur ihre Anwesenheit, sondern auch ihre Abwesenheit die Menschen an ihren Herrn erinnert. Das hat einige konkrete Konsequenzen. Es verlangt die Kunst, wegzugehen, die Fähigkeit, ausdrücklich abwesend zu sein, und vor allem eine kreative Art, sich zurückzuziehen. Ich möchte dies am Besuchsdienst und an der Eucharistiefeier veranschaulichen.

Bei unserem Besuchsdienst – sei es im Krankenhaus oder bei Hausbesuchen – ist es für Patienten wie Gemeindemitglieder wichtig, nicht nur zu erfahren, wie gut es für sie ist, daß wir kommen, sondern auch, daß wir gehen. Auf diese Weise kann die Erinnerung an unseren Besuch genauso wichtig, wenn nicht noch wichtiger werden, als der Besuch selbst. Ich bin zutiefst davon überzeugt, daß es einen Dienst gibt, bei dem unser Weggehen Raum schafft für Gottes Geist und bei dem Gott durch unsere Abwesenheit auf neue Weise gegenwärtig werden kann. Es ist ein enormer Unterschied zwischen der Abwesenheit nach einem Besuch und der Abwesenheit als Ergebnis dessen, daß wir gar nicht gekommen sind. Ohne Kommen kein Weggehen, und ohne Anwesenheit ist die Abwesenheit nur Leere, aber nicht der Weg zu einer persönlicheren Beziehung zu Gott durch den Geist.

Die Worte Jesu: „Es ist gut für euch, daß ich fortgehe", sollten Bestandteil jedes pastoralen Besuches sein, den wir machen. Wir müssen lernen, wegzugehen, damit der Geist kommen kann. Dann kann man sich tatsächlich an uns erinnern als an ein lebendiges Zeugnis für Gott. Dies zeigt, wie wichtig es ist, ein Gespür zu entwickeln für die letzten Worte, die wir sprechen, bevor wir ein Zimmer oder ein Haus verlassen; das stellt auch die Möglichkeit eines Gebetes vor dem Weggehen in ein neues Licht.

Nicht nur bei pastoralen Besuchen, sondern auch und mehr noch bei der Feier der Sakramente müssen wir uns der Bedeutung eines Dienstes der Abwesenheit bewußt sein. Das ist besonders wichtig für die

Eucharistiefeier. Was tun wir da eigentlich, wenn wir Brot essen, aber nicht genug, um unseren Hunger zu stillen; Wein trinken, aber nicht genug, um unseren Durst zu löschen; aus einem Buch vorlesen, aber nicht genug, um unsere Unwissenheit auszufüllen? Um diese „armseligen Zeichen" versammeln wir uns ja und feiern. Was aber feiern wir darüber hinaus? Die einfachen Zeichen, die unsere ganzen Wünsche gar nicht befriedigen können, sprechen zuallererst von Gottes Abwesenheit. Er ist noch nicht wiedergekommen; noch sind wir unterwegs, noch warten wir, noch hoffen wir; wir sind voller Erwartung, voller Sehnsucht. Wir versammeln uns um den Tisch mit Brot, das der Leib Christi ist, mit dem Kelch, dem neuen Bund in seinem Blut, und mit der Schrift, die Gottes Wort für uns enthält, und werden an die Verheißung erinnert, die wir empfangen haben, und ermutigt, weiter bei dem Warten auf seine Wiederkunft zu bleiben. Aber gerade wenn wir seine Abwesenheit betonen, entdecken wir, daß er schon bei uns ist. Im Glauben sagen wir zueinander: „Iß und trink, dies ist sein Leib und sein Blut. Der Eine, auf den wir warten, ist unsere Nahrung und unser Trank und er ist uns näher, als wir uns selbst sein können. Er hält uns auf dem Weg aufrecht, er nährt uns, so wie er sein Volk in der Wüste ernährte." Während so seine Verheißung in seiner Abwesenheit im Sakrament erinnert wird, entdecken und feiern wir seine Gegenwart in unserer Mitte.

Die große Versuchung des geistlichen Amtes besteht darin, nur die Gegenwart des Herrn zu feiern, seine Abwesenheit aber dabei zu vergessen. Sehr häufig ist der Geistliche höchst bemüht, die Leute froh zu machen und eine Atmosphäre des „Ich bin okay, Du bist okay" zu schaffen. Aber so wird jeder angefüllt und es ist kein leerer Raum mehr übrig für die Wahrnehmung unseres grundlegenden Mangels an Erfüllung. Auf diese Weise wird Gottes Gegenwart ohne Bezug auf seine Abwesenheit herbeigezwungen. Fast unausweichlich führt dies zu einer künstlichen Freude und einem oberflächlichen Glück. Es führt auch insofern zu einer Desillusionierung, als wir vergessen, daß der Herr eben im Erinnern gegenwärtig ist. Wenn wir den Schmerz seiner Abwesenheit leugnen, werden wir auch nicht fähig sein, seine Halt schenkende Gegenwart zu kosten.

Wenn darum Geistliche ihre Gemeinde um den Tisch des Herrn versammeln, dann rufen sie sie nicht nur zusammen, um die Gegenwart des Herrn zu erfahren, sondern genauso, um seine Abwesenheit zu erfahren; sie rufen sie ebensosehr zum Klagen zusammen, wie zum Feiern, zur Trauer ebenso wie zur Freude, zur Sehnsucht ebenso wie zum Zufriedensein.

Auf diese Weise wird die Eucharistie zu einem Gedenken an Tod und Auferstehung des Herrn, ein Gedenken, das uns hier und jetzt Halt gibt. Dadurch, daß wir erinnert werden, bekommen wir Nahrung. Dadurch, daß wir seiner Abwesenheit inne werden, entdecken wir seine Gegenwart, und indem wir wahrnehmen, daß er uns verlassen hat, werden wir uns auch dessen bewußt, daß er uns nicht allein gelassen hat.

So entdecken wir, daß anderen Halt zu geben eine geduldige und demütige Haltung verlangt, eine Haltung, in der wir nicht falsche Fröhlichkeit, leichtfertige Anpassung oder hohlen Optimismus erzeugen. Der Geistliche ist nicht dazu da, Stimmung zu machen, sondern Menschen ganz bescheiden daran zu erinnern, daß inmitten von Leiden und Versuchungen das erste Zeichen des neuen Lebens zu finden ist und eine Freude erfahren werden kann, die mitten unter der Traurigkeit verborgen ist.

Darum verlangt ein Halt schenkender Dienst die Kunst eines kreativen Sich-Zurückziehens, so daß Gottes Geist sich im Erinnern manifestieren und in die ganze Wahrheit leiten kann. Ohne dieses Sich-Zurückziehen geraten wir in die Gefahr, nicht mehr in seinem Namen zu reden und zu handeln, sondern in unserem eigenen; nicht mehr auf den Herrn hinzuweisen, der Halt gibt, sondern nur noch auf unsere eigene ablenkende Person. Wenn wir Gottes Wort weitersagen, müssen wir klar machen, daß es sich tatsächlich um Gottes Wort handelt und nicht um unser eigenes. Wenn wir einen Gottesdienst planen, müssen wir uns dessen bewußt sein, daß wir nicht Gott planen, sondern nur Grenzen zeichnen können, innerhalb deren die Gegenwart Gottes erspürt werden kann. Wenn wir jemanden besuchen, müssen wir dessen eingedenk sein, daß wir nur kommen, weil wir gesandt sind. Wenn wir eine Leitungsaufgabe übernehmen, so wird dies nur ehrlich geschehen können, wenn es die Form des Dienens annimmt. Je mehr dieses kreative Sich-Zurückziehen ein wirklicher Teil unseres geistlichen Amtes wird, desto mehr haben wir Anteil am Weggehen Christi, dem guten Abschiednehmen, das dem Halt gewährenden Geist die Möglichkeit gibt, zu kommen.

Von dem, der anderen Halt gibt

Welche Konsequenzen hat der Dienst des Haltgebens im persönlichen Leben des Geistlichen? Vielleicht müssen wir noch einmal unsere Vorstellungen von unserer Verfügbarkeit überprüfen. Wenn es einen Teil unseres Amtes ausmacht, abwesend zu sein, dann müssen wir unsere Sicht davon relativieren, wie wichtig es ist, verfügbar zu sein. Möglicherweise sind wir Geistlichen so sehr verfügbar geworden, daß da zuviel Anwesenheit und zu wenig Abwesenheit ist, daß wir zuviel bei den Menschen sind und sie zu wenig alleinlassen, daß da zuviel von uns und zu wenig von Gott und seinem Geist zurückbleibt. Es ist deutlich, daß vieles davon mit einer bestimmten Illusion über unsere Unersetzlichkeit zusammenhängt. Diese Illusion muß demaskiert werden.

Aus allem, was ich über den Geistlichen gesagt habe als jemanden, der durch Erinnern Halt gibt, wird deutlich, daß er für sein geistliches Leben eine gewisse Unverfügbarkeit nötig hat. Damit will ich nicht versuchen, ein religiöses Argument für ein Golfspiel, einen Ausflug zu einer Konferenz, eine Kreuzfahrt in die Karibik oder ein Freisemester vorzubringen. Solche Argumente sind genannt worden, und inmitten unserer leidenden Welt finde ich sie erschreckend stumpf. Nein, ich möchte dagegen für das Gebet als eine kreative Art plädieren, nicht verfügbar zu sein.

Wie würde es klingen, wenn die Frage: „Kann ich den Pfarrer sprechen?" nicht beantwortet wird mit: „Tut mir leid, er hat jemanden in seinem Büro", sondern mit: „Tut mir leid, er betet". Könnte das nicht ein tröstender Dienst sein, wenn jemand sagt: „Der Pfarrer ist nicht zu sprechen, weil heute sein Tag der Einkehr ist, sein Tag in der Einsiedelei, sein Tag in der Wüste"? Damit kommt zum Ausdruck, daß der Geistliche für mich nicht zu sprechen ist, nicht weil er für andere mehr zur Verfügung steht, sondern weil er die Gegenwart Gottes sucht, und zwar Gott allein – den Gott, der unser gemeinsamer Gott ist.

Mein geistlicher Führer in der Abtei von Genesee brachte jede Woche einen Tag in einer kleinen Einsiedelei auf dem Anwesen der Abtei zu. Ich erinnere mich, daß diese Abwesenheit auf mich eine stärkende Wirkung hatte. Ich vermißte seine Gegenwart und war doch dankbar, daß er einen ganzen Tag mit Gott allein zubrachte. Ich fühlte mich gestützt, genährt und gestärkt durch das Bewußtsein, daß Gott tatsächlich sein einziges Anliegen war, daß er all die Anliegen der Menschen, deren Ratgeber er war, in seine persönliche Beziehung zu Gott einbrachte – und daß er mir in Wirklichkeit während seiner Abwesenheit näher denn je war.

Wenn unsere Abwesenheit gegenüber Menschen eine ausdrückliche Nähe zu Gott bedeutet, dann wird diese Abwesenheit zu einer Halt gewährenden Abwesenheit. Jesus verließ seine Apostel immer wieder, um in das Gebet mit dem Vater einzutreten. Je mehr ich die Evangelien lese, desto mehr bin ich ergriffen von Jesu einzigartiger Beziehung zum Vater.

Von dem Tag an, als seine Eltern ihn im Tempel fanden, spricht Jesus von seinem Vater als der Quelle all seiner Worte und Taten. Wenn er sich von der Volksmenge zurückzieht, ja sogar von seinen engsten Freunden, dann zieht er sich zurück, um beim Vater zu sein. „Und am Morgen, als es noch sehr dunkel war, stand er auf, ging hinaus und begab sich an einen einsamen Ort und betete dort" (Mk 1,35).

Während seines ganzen Lebens betrachtet Jesus seine Verbundenheit mit dem Vater als Mitte, Anfang und Ende seines Dienstes. Alles, was er sagt und tut, sagt und tut er im Namen des Vaters. Er kommt vom Vater und kehrt zurück zum Vater, und es ist das Haus seines Vaters, in dem er einen Platz für uns bereiten will.

Es liegt auf der Hand, daß Jesus die Verbundenheit mit dem Vater nicht aufrechterhält als ein Mittel, um seine Aufgabe zu erfüllen. Im Gegenteil, seine Verbundenheit mit dem Vater ist der Kern seiner Aufgabe. Das Gebet, Tage des Alleinseins mit Gott oder Augenblicke der Stille sollten daher niemals als heilsame Kunstgriffe gesehen oder verstanden werden, um auf dem Damm zu bleiben, um unsere „geistlichen Batterien" aufzuladen oder um Energie für unseren Dienst zu sammeln. Nein, dies alles ist Dienst. Wir dienen unseren Gemeindemitgliedern, Patienten und Studenten auch, wenn wir bei Gott und nur bei Gott sind.

Gerade in der Nähe zu Gott entwickeln wir eine größere Nähe zu den Menschen und gerade in der Stille und Einsamkeit des Gebets berühren wir wirklich das Herz des menschlichen Leidens, dem wir dienen wollen.

Glauben wir das wirklich? Es scheint oft, daß unsere berufliche Geschäftigkeit den besseren Teil von uns mit Beschlag belegt hat. Es bleibt schwer für uns, die Menschen, unseren Beruf und die hektischen Orte, an denen wir gebraucht werden, zurückzulassen, um bei dem zu sein, von dem alles Gute kommt. Und doch, nur in der Stille und Einsamkeit des Gebets wird der Geistliche ein Geistlicher. Dort können wir uns darauf besinnen, daß alles, was an Wertvollem geschieht, das Werk Gottes und nicht das unsere ist.

Das Gebet ist keine Form, statt mit Menschen mit Gott geschäftig umzugehen. Tatsächlich demaskiert es die Illusion des Beschäftigtseins, der Nützlichkeit und der Unersetzbarkeit. Es ist eine Form, leer und nutzlos zu sein in der Gegenwart Gottes und so unseren grundlegenden Glauben zu verkündigen, daß alles Gnade und nicht einfach das Ergebnis harter Arbeit ist. Zeit für Gott zu verschwenden ist tatsächlich ein Akt des Dienstes, denn es erinnert uns und unsere Gemeinde daran, daß Gott frei ist, jeden unabhängig von seinen wohlgemeinten Anstrengungen anzurühren. Das Gebet als ausdrückliche Form, im Angesicht Gottes nutzlos zu sein, bringt ein Lächeln in all das, was wir tun und schafft Humor inmitten unserer Beschäftigungen und Sorgen.

Wenn ich an mein eigenes Beten denke, dann merke ich, wie leicht ich es in ein kleines Seminar mit Gott verwandle, wo ich gern nützlich sein möchte, indem ich schöne Gebete lese, tiefsinnige Gedanken denke und ausdrucksstarke Worte spreche. Ich bin offensichtlich noch immer in Sorge über das Niveau! Es ist tatsächlich eine harte Schule, in Gottes Gegenwart nutzlos zu sein und ihn in der Stille meines Herzens sprechen zu lassen. Aber immer, wenn ich ein wenig nutzlos werde, dann weiß ich, daß Gott mich zu einem neuen Leben weit jenseits der Grenzen meiner Nützlichkeit ruft.

Daher können wir sagen, daß der geistliche Dienst zuerst und vor allem ein Teil dieses „nutzlosen" Betens mit anderen ist. Von dem Ruhepunkt des Gebets aus können wir andere erreichen und die haltende Kraft der Gegenwart Gottes bekanntwerden lassen. An diesem Ort werden wir wirklich lebendige Erinnerung an Jesus Christus.

Schluß

Wir haben uns Gedanken gemacht über den Geistlichen als jemanden, der durch Erinnern Halt gibt, und drei Punkte hervorgehoben. Erstens das ständige Zusammenspiel zwischen Abwesenheit und Anwesenheit. Zweitens die Notwendigkeit, nicht nur kreativ anwesend zu sein, sondern auch kreativ abwesend zu sein. Drittens fordert ein kreatives Abwesendsein den Geistlichen dazu heraus, eine stets wachsende persönliche Beziehung mit Gott im Gebet zu entwickeln und dies zu einer Quelle seines ganzen Dienstes werden zu lassen.

In diesem Sinn müssen wir die Worte Jesu zu den unseren machen: „Es ist gut für euch, daß ich fortgehe. Denn wenn ich nicht fortgehe, wird der Beistand nicht zu euch kommen" (Joh 16,7).

Was legt uns all dies für unser tägliches Leben als Geistliche nahe?

Es legt uns nahe, nicht nur die Möglichkeiten zu erforschen, wie wir bei Menschen anwesend sein können, sondern auch die Möglichkeit abwesend zu sein.

Es legt uns nahe, bei unserem Dienst – ob wir Besuche machen, predigen oder die Eucharistie feiern –, uns immer mit der Frage auseinanderzusetzen, wie wir der Weg sein können, ohne *im* Weg zu sein.

Es legt uns nahe, das Gebet niemals als eine Privatsache anzusehen. Eher gehört es zum Kern unseres geistlichen Dienstes und muß deswegen auch Gegenstand der Erziehung und Bildung sein.

Es zeigt uns, wie wichtig es ist, von neuem unseren Terminkalender zu überprüfen und einige nutzlose Zeit mitten in unserer geschäftigen Woche einzuplanen. Wir sollten unsere Zeit mit Gott genauso realistisch planen, wie wir unsere Zeit mit Menschen planen.

Schließlich legt es uns nahe, inmitten so vieler „nützlicher" Leute zu versuchen, uns unserer grundsätzlichen Nutzlosigkeit zu erinnern und so ein wenig Lächeln und Humor in all das zu bringen, was wir tun.

Durch Erinnern führen

Einleitung

Das erste Wort hat wiederum der große Erinnerer Elie Wiesel. Wiesel erzählt in seinem Roman „Die Pforten des Waldes" die Geschichte Gregors. Nachdem er den Holocaust überlebt hat, findet Gregor sich in Paris wieder, wo er nach den furchtbaren Schrecken seiner Vergangenheit eine neue Zukunft sucht. Dort besucht er auf den Rat eines Freundes nicht ohne Widerstreben den Rabbiner. Als der Rabbi ihn fragt, was Gregor von ihm erwartet, antwortet er:

„Machen Sie, daß ich weinen kann."
Der Rabbi schüttelte den Kopf:
„Das genügt nicht. Ich werde dich singen lehren."
Der Rabbi fügte hinzu, daß Erwachsene nicht weinen. Die Bettler weinen nicht, nur die Kinder weinen: Bist du ein Kind geblieben? Sollte dein Leben nicht vielleicht ein Kindertraum, ein Bettlertraum sein? Nein, weinen nützt nichts. Singen muß man können."

„Rabbi", sagte Gregor. „Und Sie? Was erwarten Sie von mir?"

Sein Gesprächspartner antwortete ohne Zaudern:
„Alles."

Und da Gregor Einspruch zu erheben drohte, fügte er hinzu:
„Jakob kämpfte mit dem Engel die ganze Nacht und bezwang ihn schließlich. Dann flehte der Engel: Laß mich ziehen, denn die Morgenröte naht. Jakob ließ ihn los, und zum Dank brachte der Engel ihm eine Leiter. Bring mir diese Leiter."
„Wer von uns beiden ist Jakob? Wer ist der Engel?"
„Ich weiß es nicht", sagte der Rabbi, ihm freundschaftlich zublinzelnd. „Weißt du es?"
Gregor stand auf. Der Rabbi begleitete ihn zur Tür und streckte ihm die Hand entgegen:
„Versprich wiederzukommen."
„Ich komme wieder."
„Wirst du an unseren Festen teilnehmen?"
„Ja."[1]

Dieses pastorale Gespräch hat uns manches zu sagen. Elie Wiesel, der Gregor manche autobiographischen Züge verleiht, drückt in diesem Dialog seine Hoffnung auf eine neue Zukunft aus. Jenseits der Tränen steht das Singen, jenseits der Trauer steht das Feiern, jenseits des Kampfes steht die Leiter, die ein Engel aus Dankbarkeit gibt. Der Rabbi ist der lebendige Erinnerer an einen vertrauenswürdigen Gott. Als Gregor in der gleichen Unterhaltung fragt: „Wie können Sie nach all dem, was uns geschehen ist, noch an Gott glauben?" antwortet der Rabbi: „Wie kannst du, nach dem, was uns geschehen ist, nicht an Gott glauben?"² Der Gott, der mit uns kämpft, gibt uns auch eine neue Leiter zu einer neuen Zukunft. Wiesel, der nicht will, daß wir die Vergangenheit vergessen, will andererseits auch nicht, daß wir den Glauben an die Zukunft verlieren.

Harry Cargas sagt über Wiesel: „Er weiß, daß jeder von uns ein Erbe der gesamten Vergangenheit ist, während er zugleich der Ausgangspunkt der ganzen Zukunft ist."³ Und so wird Wiesel, der große Mahner, ein hoffnungsvoller Führer.

Es gibt wenig Zweifel daran, daß es die chassidische Tradition mit ihrem tiefen Glauben an Gott war, die Wiesel fähig machte, nach dem Holocaust von Hoffnung zu sprechen. Während seiner frühen Jugend hatte der Chassidismus Wiesels Herz, Geist und Seele durchtränkt und ihm ein Wissen von Gott gegeben, das nicht ausgelöscht werden konnte, nicht einmal durch den Holocaust. Es erwies sich in den Jahren der Sorge und der Klage als rettender Führer.

Als lebendiger Erinnerer an Jesus Christus ist der Geistliche nicht nur jemand, der heilt und Halt gibt, sondern auch führt. Die Erinnerung, die die Wunden unserer Vergangenheit heilt und uns in der Gegenwart Halt gibt, führt uns auch in die Zukunft und macht unser Leben fortgesetzt neu. Ein Erinnerer ist auch ein Prophet, der sein Volk in eine neue Richtung weist und in unbekanntes Land führt. Daher möchte ich nun vom Geistlichen als jemandem sprechen, der durch Erinnern führt. Wiederum erfordern drei Bereiche unsere Aufmerksamkeit: die Führung, das Führen und der Führer.

Die Führung

Gute Erinnerungen sind eine gute Führung. Wir alle haben schon einmal die Erfahrung gemacht, daß es in Zeiten der Not, des Versagens und der Enttäuschung die guten Erinnerungen sind, die uns neue Zuversicht und Hoffnung geben. Wenn die Nacht finster ist und alles schwarz und furchterregend erscheint, haben wir Hoffnung auf einen neuen, strahlenden Tag, weil wir einen strahlenden Tag schon zuvor erlebt haben. Unsere Hoffnung ist auf unseren Erinnerungen aufgebaut. Ohne Erinnerung gibt es keine Erwartungen. Wir machen uns nicht immer bewußt, daß zu den besten Dingen, die wir einander zu geben haben, gute Erinnerungen gehören: freundliche Worte, Zeichen der Zuneigung, Gesten der Sympathie, Zeiten friedlicher Stille und frohe Feste. Zur Zeit ihres Geschehens mögen sie alle durchsichtig, einfach und ohne besondere Wirkungen erschienen sein, aber als Erinnerung können sie uns mitten in Verwirrung, Angst und Finsternis Rettung bieten.

Wenn wir von Erinnerungen sprechen, die führen können, dann meinen wir damit nicht unbedingt eine bewußte Erinnerung, eine ausdrückliche Reflexion auf Ereignisse in der Vergangenheit. In Wirklichkeit führen uns die meisten unserer Erinnerungen in vorbewußter Weise. Sie werden in uns Fleisch und Blut. Unsere Erinnerungen an Treue, Liebe, Angenommensein, Vergebung, Vertrauen und Hoffnung dringen so tief in unser Sein ein, daß wir tatsächlich selbst unsere Erinnerungen werden. Die Tatsache, daß wir am Leben sind, daß unsere Herzen schlagen, unser Blut fließt, unsere Lungen atmen, ist eine lebendige Erinnerung an all das Gute, das unseren Weg begleitet hat. Es sind vor allem solche fleischgewordenen, pulsierenden Erinnerungen, die uns durch unsere dunklen Zeiten tragen und uns Hoffnung geben. Es mag sein, daß diese Erinnerungen während unseres normalen täglichen Lebens ruhen, aber in Zeiten der Krise entwickeln sie oft ihre große, wiederbelebende Kraft.

Eben an diese bewußten und unbewußten Erinnerungen haben die großen Propheten der Geschichte appelliert. Die Propheten Israels führten ihr Volk in erster Linie, indem sie es erinnerten. Man höre, wie Mose sein Volk führt: „Gedenke, wie Jahwe dich aus Ägypten geführt hat ... folge seinen Wegen und ehre ihn (vgl. Dtn 8,2–14).

„Einen Fremdling sollst du nicht bedrücken noch bedrängen – ihr seid ja auch Fremdlinge gewesen in Ägypten" (vgl. Ex 22,20). Man höre den unwilligen Jesaja: „Denket daran und achtet darauf, ihr Treulosen, nehmt es zu Herzen! Denkt an das, was früher galt, in uralten Zeiten: Ich bin Gott, und sonst niemand, ich bin Gott, und niemand ist wie ich. Ich habe von Anfang an die Zukunft verkündet und lange vorher gesagt, was erst geschehen sollte" (Jes 46,8–10).

Die Propheten Israels motivierten ihr Volk durch die Erinnerung an das Elend der Sklaverei und die befreiende Liebe Gottes, weiter voranzugehen, und sie forderten sie auf, ihre Erinnerung zu ehren durch ihr Verhalten. Als lebendige Erinnerer an Gottes Fürsorge und Anteilnahme demaskierten sie die unterdrückenden und engstirnigen Ansichten ihrer Zeitgenossen und setzten wieder die Vision frei, die ihre Vorväter inspiriert hatte und die immer noch verläßliche Führung in der weiteren Suche nach Heil eröffnet.

In Jesus findet dieses prophetische Amt seinen reifsten Ausdruck. In seinen Lehren erinnert er seine Zeitgenossen an ihre eigene Geschichte, er konfrontiert sie mit ihren beschränkten Ansichten und fordert sie auf, Gottes leitende Gegenwart in ihrem Leben zu erkennen. Er ruft Elia und Elisa, Jona und Salomo in Erinnerung. Er versucht, den ängstlichen Widerstand seiner Jünger zu brechen und ihre Herzen für die unendliche Liebe seines Vaters zu öffnen. Alles, was Jesus seinen Jüngern über die Notwendigkeit der Buße und über die Liebe des Vaters sagt, das sagt er ihnen so, daß sie sich während der schwierigen Zeit, die vor ihnen liegt, daran erinnern werden. „Dies habe ich zu euch geredet, damit ihr, wenn die Stunde kommt, euch daran erinnert" (Joh 16,4).

Und das taten sie auch. So wie Jesus seine Jünger an den Vater erinnerte, so erinnern die Jünger einander und ihre Jünger an Jesus. Im Gedenken an Jesus sprechen, predigen, weissagen sie und brechen sie das Brot. In Erinnerung an Jesus finden sie die Kraft, Versuchungen und Verfolgungen durchzustehen. Kurzum, es ist die Erinnerung an Jesus, die sie führt und ihnen Hoffnung und Vertrauen inmitten einer untergehenden Kultur, einer strauchelnden Gesellschaft und einer dunklen Welt gibt.

So bieten uns unsere Erinnerungen Führung. Sie sind die Blaupause für unsere Zukunft. Sie helfen uns, im Vertrauen auf die Vision voranzugehen, die uns veranlaßt hat, das Land der Sklaverei zu verlassen, gehorsam dem Ruf, der sagt, daß das gelobte Land noch immer vor uns liegt.

Das Führen

Wie können Geistliche als lebendige Erinnerer an Jesus Christus ihre Gemeinde unter den konkreten Umständen des alltäglichen Lebens führen? Zwei Möglichkeiten des Führens drängen sich im Kontext dieser Überlegungen zur Erinnerung auf: Konfrontieren und Inspirieren. Es mag überraschen, an die Konfrontation als eine Form des Führens zu denken, aber ein prophetisches Amt, das zu einer neuen Zukunft führt, verlangt ein hartes, schmerzliches Demaskieren unserer Illusionen: der Illusion, daß „wir angekommen seien", daß wir die endgültige Form unseres Glaubens gefunden hätten, und daß wir den Lebensstil entdeckt hätten, der unseren Idealen am besten entspricht.

Wir sind dauernd in der Versuchung, die ursprüngliche Vision durch eine mehr oder weniger bequeme Interpretation dieser Vision zu ersetzen. Es ist diese selbstzufriedene und erstickende Einschränkung der Vision auf unsere eigenen Bedürfnisse und Bestrebungen, die alle Reformer mit ihrem prophetischen Auftrag konfrontiert haben. Benedikt im 6. Jahrhundert, Franziskus im 12., Martin Luther im 16., John Wesley im 18. und Menschen wie Doris Day und Mutter Teresa von Kalkutta heute – alle haben erlebt, wie große Visionen verwässert wurden und ihre überzeugende Kraft verloren, und haben sich dagegen gestellt. Führung verlangt das Einreißen falscher Mauern und das Wegräumen von Hindernissen für das Wachstum. Menschen, die in seelischen und geistigen Ketten gefangen sind, kann man nicht führen.

Aber Führung verlangt mehr als Konfrontation. Sie erfordert es, die ursprüngliche Vision wiederzugewinnen dadurch, daß man bis zu dem Punkt zurückgeht, von dem die große Inspiration ausging. In diesem Sinne sind alle Reformer „Revisionisten", Menschen, die uns an die große Vision erinnern. Benedikt gewann die Vision der Gemeinschaft zurück,

Franziskus gewann die Vision der Armut zurück, Luther gewann die Vision von Gottes unverdienter Gnade zurück, Wesley gewann die Vision eines lebendigen Glaubens zurück, und heute gewinnen viele Propheten die Vision von Frieden und Gerechtigkeit wieder. Sie alle sind zurückgegangen, nicht in sentimentaler Melancholie, sondern in der Überzeugung, daß sich aus einer wiedergewonnenen Vision neues Leben entwickeln kann.

Die Franzosen haben einen treffenden Ausdruck: „retirer pour mieux sauter", zurückgehen, um weiter zu springen. Geistliche, die führen, gehen zurück, um von neuem mit den besten Erinnerungen ihrer Gemeinschaft Kontakt zu bekommen und auf diese Weise ihre Gemeinde an die ursprüngliche Vision zu erinnern. Das Paradox des Fortschritts besteht darin, daß er durch die Bewahrung der großen Erinnerungen geschieht, die durch Träume wiederbelebt werden können.

So führt der Geistliche durch Konfrontation und Inspiration. Konfrontation fordert uns zum Bekennen und zur Buße auf; Inspiration rüttelt uns auf, wieder aufzusehen mit neuem Mut und Vertrauen.

Wie könnte eine solche Konfrontation und Inspiration in unserem täglichen Dienst zum Zuge kommen? Ich möchte mich auf nur einen konkreten Vorschlag beschränken: Erzählen Sie eine Geschichte. Farbig geschilderte Menschen mit großem Glauben werden oft besser konfrontieren und inspirieren als blasse Glaubenslehren. Der Brief an die Hebräer bietet nicht allgemeine Vorstellungen darüber an, wie voranzugehen sei, sondern ruft die großen Gestalten der Geschichte ins Gedächtnis: Abel, Henoch, Noah, Abraham, Sarah, Isaak, Jakob, Moses und viele andere. Und dann sagt er: „Darum also wollen auch wir, da wir eine so große Wolke von Zeugen um uns haben, jede hemmende Last und die Fesseln der Sünde ablegen und mit Ausdauer laufen in dem Wettkampf, der vor uns liegt" (Hebr 12, 1). Wir führen dadurch, daß wir Männer und Frauen in Erinnerung rufen, in denen die große Vision sichtbar wird, Menschen, mit denen wir uns identifizieren können, aber auch Menschen, die aus den Beschränkungen ihrer Zeit und ihres Ortes ausgebrochen sind und sich mit viel Mut und Vertrauen in unbekanntes Gelände vorgewagt haben. Die Rabbiner führen ihr Volk mit Geschichten; Geistliche führen üblicherweise mit Ideen und Theorien. Wir müssen wieder Geschichtenerzähler werden und so unseren Dienst vervielfältigen, indem wir die großen Zeugen um uns herum zusammenrufen, die auf verschiedene Weise Führung für zweifelnde Herzen anbieten.

Eine der bemerkenswertesten Eigenschaften der Erzählung ist die, daß sie Raum schafft. In einer Geschichte können wir verweilen, herumgehen, unseren eigenen Platz finden. Eine Geschichte konfrontiert, aber unterdrückt nicht. Eine Geschichte inspiriert, aber manipuliert nicht. Eine Geschichte lädt uns ein zur Begegnung, zum Dialog, zum gemeinsamen Teilhaben.

Eine Geschichte, die führt, ist eine Geschichte, die eine Tür öffnet und uns Raum gewährt für unser Suchen und Grenzen zeigt, um uns finden zu helfen, was wir suchen, aber sie sagt uns nicht, was zu tun sei oder wie etwas zu tun sei. Die Geschichte bringt uns in Kontakt mit der Vision und so führt sie uns. Wiesel schreibt: „Gott schuf den Menschen, weil er Geschichten liebt."[4]

Solange wir einander noch Geschichten zu erzählen haben, gibt es Hoffnung. Solange wir uns einander noch an das Leben von Männern und Frauen erinnern können, in denen die Liebe Gottes manifest wird, haben wir Grund, vorwärts zu gehen in neues Land, in dem neue Geschichten verborgen sind.

Der Führer

Welches sind die Implikationen dieses Verständnisses von Führung für das spirituelle Leben des Geistlichen? Das sind viele, und sie alle schneiden tief ein in unsere Art, uns der Welt zuzuwenden. Aber sie alle deuten auf die Notwendigkeit hin, mit der Quelle in Kontakt zu bleiben, von der die führende Inspiration herkommt.

Aus dem, was wir schon gesagt haben, geht klar

hervor, daß wir andere nicht durch ein simples Argument führen können, irgendeinen einzelnen Ratschlag, ein paar Hinweise oder eine gelegentliche Predigt. Prophetie konfrontiert und inspiriert nur insofern, als Propheten tatsächlich von der Vision sprechen, die ihr eigenes Leben Tag und Nacht führt. Nur in der Begegnung mit dem prophetischen Geistlichen ist die Kraft zu finden, mit der wir aus kurzsichtigen Standpunkten ausbrechen können, und der Mut, mit dem wir über sichere und feste Grenzen hinausgehen können.

Ich habe in meinem persönlichen und beruflichen Leben viele Menschen um Rat gefragt. Je mehr ich darüber nachdenke, desto mehr spüre ich, daß ich Führung und Hoffnung nicht durch irgendwelche besonderen Vorschläge oder Ratschläge erfahre, sondern aufgrund einer Kraft, die von meinen Beratern ausging, weit über deren eigenes Bewußtsein hinaus. Auf der anderen Seite habe ich vielen Menschen zu helfen versucht und bin zunehmend davon überrascht worden, daß ich oft Kraft geben konnte, wenn ich es am wenigsten erwartete. Oft bekam ich dankbare Briefe, wenn ich dachte, daß ich überhaupt keine Hilfe gewesen sei.

Es scheint, daß wir oft den lebenspendenden Geist enthüllen und anderen mitteilen, ohne uns dessen bewußt zu sein. Eine der am meisten ermutigenden Bemerkungen, die ich jemals gehört habe, war: „Ich wünschte, Du könntest Dich so erleben, wie ich dich erlebe. Dann wärest du nicht so deprimiert."

Das große Geheimnis des Dienstes besteht darin, daß wir – während wir von unserer eigenen Schwachheit und Begrenztheit überwältigt sind – doch noch so transparent sein können, daß der Geist Gottes, der heilige Berater, durch uns hindurchscheinen und Licht für andere bringen kann.

Wie also können wir geistliche Menschen sein, durch die Gottes heiliger Berater und Führer manifest werden kann? Wenn wir wirklich lebendige Erinnerung sein wollen, die Führung in ein neues Land anbietet, dann muß das Wort Gottes in unsere Herzen eingraviert sein; es muß unser Fleisch und Blut werden. Das bedeutet erheblich mehr als intellektuelle Reflexion. Es bedeutet, über Gottes Wort zu meditieren und es wiederzukauen – oder wie der Psalmist es nennt, es Tag und Nacht „zu murmeln". Auf diese Weise kann das Wort Gottes langsam von unserem Bewußtsein in unser Herz hinabsteigen und uns so mit dem lebenspendenden Geist erfüllen. Diese „totale" Meditation des Wortes Gottes ist tief eingebettet in der rabbinischen ebenso wie in der christlichen Tradition. Jean Leclerq, der mittelalterliche Benediktinerscholar, schreibt:

„... Meditieren heißt, einen Text zu lesen und mit dem Herzen zu lernen im vollsten Sinn dieses Wortes, das heißt, mit dem ganzen Sein: mit dem Leib, da der Mund ihn ausgesprochen hat, mit dem Gedächtnis, das ihn festhält, mit der Intelligenz, die seinen Sinn versteht, und mit dem Willen, der ihn in die Tat umsetzen will."[5]

Diese Meditation ist unerläßlich, wenn wir Erinnerung an Gott sein wollen und nicht an uns selbst, wenn wir Hoffnung ausstrahlen wollen und nicht Verzweiflung, Freude und nicht Trauer, Leben und nicht Tod. Weil es die beste Botschaft ist, daß das Wort Fleisch geworden ist, ist es in der Tat auch unsere größte Berufung und Verpflichtung, diese göttliche Inkarnation durch tägliche Meditation über das Wort fortzusetzen.

Während jede besondere Gebetstechnik gegenüber unserer Verpflichtung zum Gebet sekundär ist und obwohl jeder einzelne seinen eigenen Weg finden muß, wäre eine Mißachtung von Gebetstechniken ebenso unklug wie eine Mißachtung von Techniken und Fähigkeiten des pastoralen Auftrags. Die Geschichte jüdischer und christlicher Spiritualität zeigt, daß unsere kostbarste Beziehung, die Beziehung zu Gott, nicht einfach unseren spontanen Einfällen überlassen bleiben kann.

Genauer gesagt: weil Gott zentral für unser Leben ist, braucht unsere Beziehung zu ihm Bildung und Übung, bestimmte Anleitungen und Methoden. Daher ist es traurig, daß die meisten Geistlichen mehr Stunden der Übung im Gespräch und Umgang mit Menschen haben, als im Gespräch und der Nähe zu Gott. Es gibt sogar Seminare, die das Gefühl vermitteln, die Frage, wie man beten solle, könne nicht mit der Fähigkeit rechnen, es zu tun. Aber wie können wir Menschen durch Gottes Wort führen, wenn dieses Wort mehr ein Gegenstand der Diskussion und der Auseinandersetzung als der Meditation ist? Es ist nicht das aller Leiblichkeit entkleidete Wort, das führt, sondern das Wort, das unser ganzes Erdendasein durchdringt und sich in all dem manifestiert, was wir tun und sagen.

Eine einfache und auf der Hand liegende Methode ist das Auswendiglernen. Der Ausdruck „to know by heart" (wörtlich: im Herzen wissen = auswendig können) macht schon ihren Wert deutlich. Ich persönlich bedauere die Tatsache, daß ich so wenig Gebete und Psalmen auswendig kann. Häufig brauche ich ein Buch, um zu beten, und ohne es neige ich dazu, in die armseligen, spontanen Einfälle meiner eigenen Gedanken zurückzufallen. Der Grund, warum es so schwer ist, „ohne Unterlaß" zu beten, liegt zum Teil, so glaube ich, darin, daß mir außerhalb kirchlicher Anlässe nur wenige Gebete zur Verfügung stehen. Trotzdem bin ich sicher, daß Gebete, die ich auswendig weiß, mich durch viele schmerzliche Krisen hindurchtragen könnten.

Der methodistische Geistliche Fred Morris erzählte mir, wie ihn der Psalm 23 („Der Herr ist mein Hirte") durch schmerzliche Stunden in der brasilianischen Folterkammer hindurchgetragen und ihm Frieden in seiner dunkelsten Stunde gegeben hat. Und ich frage mich noch immer, welche Worte ich mit mir in die Stunde nehmen kann, in der ich ohne Bücher überleben muß. Ich fürchte, ich werde in Krisensituationen von meinen eigenen unerlösten Einfällen abhängig sein und nicht das Wort Gottes haben, das mich führen kann.

Alle geistlichen Schriftsteller, von den Wüstenvätern bis zu Teresa von Ávila, Evelyn Underhill und Thomas Merton, haben die große Kraft und zentrale Bedeutung des Gebets in unserem Leben betont.

Theophan der Einsiedler drückt dies kraftvoll aus, wenn er schreibt:

„Beten ist die Probe auf alles; Beten ist auch die Quelle von allem; Beten ist die treibende Kraft von allem; Beten ist auch die Leitung in allem. Wenn das Beten richtig geschieht, dann ist alles in Ordnung. Denn das Beten wird es nicht zulassen, daß irgendetwas in die falsche Richtung fährt."[6]

Wenn das wahr ist, liegt es auf der Hand, daß das Beten der Kontrolle und Anleitung bedarf. Genauso wie wörtliche Protokolle unserer Gespräche mit Patienten uns helfen können, unsere zwischenmenschliche Sensibilität zu vertiefen, kann uns eine fortgesetzte Bewertung unseres geistlichen Lebens näher zu Gott führen. Wenn wir nicht zögern, zu studieren, wie Liebe und Fürsorge sich in der Begegnung zwischen Menschen abspielen, warum sollten wir dann vor einer genauen Beobachtung der Beziehung mit ihm zurückscheuen, der die Quelle und der Zweck aller menschlichen Interaktion ist?

Die Tatsache, daß viele der geistlichen Bewegungen unserer Tage ihre Anhänger auf unverantwortliche Weise manipulieren, ja geradezu die seelische und körperliche Gesundheit der davon erfaßten

Menschen gefährden, macht es dringend nötig, das spirituelle Leben von Geistlichen und künftigen Geistlichen nicht ihren eigenen uninformierten Experimenten zu überlassen.

Es besteht wenig Zweifel, daß Seminare und Zentren für klinische Seelsorgeausbildung aufgefordert sind, die geistliche Bildung der Studenten in ihr Programm aufzunehmen. Das wird keineswegs einfach sein, und da gibt es viele Fallgruben, aber die zunehmenden geistlichen Bedürfnisse von Studenten und Geistlichen zu leugnen, kann auf diesem höchst empfindlichen Gebiet gegenwärtiger Erfahrung nur in der Form eines zunehmenden Dilettantismus nach hinten ausschlagen.

Viele heutige Geistliche sind hervorragende Prediger, kompetente Berater und gute Organisatoren, aber wenige fühlen sich in der Lage, Menschen geistliche Führung zu geben, die nach Gottes Gegenwart in ihrem Leben suchen. Für viele Geistliche, wenn nicht für die meisten, ist das Leben des Heiligen Geistes unbekanntes Gelände. Daher ist es nicht überraschend, daß viele unheilige Geister die Oberhand gewonnen und beachtliche Verwirrung gestiftet haben. Es gibt einen zunehmenden Bedarf für Diagnostiker der Seele, die den Heiligen Geist von unheiligen Geistern unterscheiden können und auf diese Weise Menschen zu einer aktiven und vitalen Verwandlung von Seele und Leib und all ihrer persönlichen Beziehungen führen können[7]. Diese Gabe der Unterscheidung ist eine Gabe des Geistes, die nur durch beständiges Gebet und Meditation empfangen werden kann.

Das spirituelle Leben des Geistlichen, geformt und geübt in einer Schule des Gebets, ist das Herz geistlicher Führung. Wenn wir das Ziel verloren haben, haben wir nichts vorzuweisen; wenn wir das Wort Gottes vergessen haben, haben wir an nichts mehr zu erinnern; wenn wir die Blaupause unseres Lebens begraben haben, können wir nichts mehr aufbauen. Wenn wir aber mit dem lebenspendenden Geist in uns in Berührung bleiben, können wir Menschen aus ihrer Gefangenschaft herausführen und hoffnungspendende Führer werden.

Schluß

Ich habe versucht, in dieser Überlegung zum Geistlichen, der durch Erinnern führt, drei Punkte festzuhalten. Erstens, daß unsere Hoffnung auf die Zukunft auf unser bewußtes und unbewußtes Gedächtnis aufgebaut ist. Zweitens, daß Führen durch das Demaskieren der Illusion gegenwärtiger Bequemlichkeit und die Erinnerung der Menschen an die ursprüngliche Vision stattfindet. Drittens bekommt diese Vision Fleisch und Blut durch eine ununterbrochene Meditation des Wortes Gottes.

All das bedeutet, daß wir als Geistliche, die führen

wollen, auch Propheten sein müssen, die durch das Ansprechen der Erinnerung unsere Mitmenschen ermutigen, vorwärts zu gehen. Lassen Sie mich zusammenfassen, was damit über unser Leben als Geistliche gesagt ist.

Es bedeutet, daß wir darüber nachdenken müssen, wie unser individuelles und kollektives Erinnern zu einer Quelle der Führung gemacht werden kann.

Es bedeutet, daß wir die Führung als eine Form der Prophetie ansehen sollten.

Es bedeutet, daß wir die Kunst des Geschichtenerzählens als eine geistliche Kunst wiederentdecken sollten.

Es bedeutet, daß Meditation unaufgebbar ist für eine wirkliche Inkarnation des Wortes Gottes in unserem Leben.

Schließlich bedeutet es, daß wir Wege erschließen müssen, auf denen eine Schulung im Beten in die pastorale Ausbildung eingeführt werden kann.

Epilog
Bekennen als Beruf

Als ich diese Kapitel über den Geistlichen als einen lebendigen Erinnerer an Jesus Christus zu Ende geschrieben hatte, entdeckte ich, daß ich in der Tat den Geistlichen als Hirten, Priester und als Propheten beschrieben habe. Als Hirten heilen die Geistlichen die Wunden der Vergangenheit; als Priester geben sie dem Leben in der Gegenwart Halt, und als Propheten führen sie andere in die Zukunft. Sie tun dies alles in der Erinnerung an den, der da ist und der da war und der da kommt. Als ich mir dessen bewußt wurde, wie traditionell ich vorgegangen war, setzte mich das erst ein wenig in Verlegenheit. Aber dann entdeckte ich, daß schließlich meine einzige wirkliche Aufgabe die gewesen war, an das zu erinnern, was wir schon wissen.

Ich habe versucht, einen Blick auf die biblischen Formen des geistlichen Dienstes im Kontext der neuen Entwicklung in der Pastoralpsychologie zu werfen und so zwei Aspekte des geistlichen Amtes als Beruf zu vereinigen. Beruf, so wie wir uns das heutzutage hauptsächlich vorstellen, bedeutet Übung, Fähigkeit, Erfahrung und eine gewisse Spezialisierung. Die theologische Ausbildung hat sich in den vergangenen Jahrzehnten hauptsächlich dem Ziel angepaßt, das geistliche Amt als einen Fachberuf in einer in hohem Maß professionalisierten Welt zu etablieren.

Aber „Beruf" bezieht sich auch auf Berufung, Bekennen, Verkündigen, Ansagen. Diese bekennende Seite unseres geistlichen Lebens, die tief verwurzelt ist in unserem biblischen Erbe, verlangt ebenfalls eine Ausbildung. Beruf als Erfahrung und Beruf als Verkündigung kann nicht ohne Schaden voneinander getrennt werden.

Wenn wir unseren Glauben an Christus ohne geistliche Erfahrung bekennen, dann sind wir wie Leute, die vom Berggipfel rufen, ohne uns darum zu kümmern, ob uns jemand hört. Wenn wir aber geschickte Experten sind, die wenig zu bekennen haben, dann werden wir leicht zu lauwarmen Technokraten, die Gottes Werk in die Zeit zwischen 9 Uhr vormittags und 5 Uhr abends pressen.

Eine der Aufgaben, die uns heute am meisten herausfordern, ist die, unsere geistlichen Quellen zu erschließen und das Beste von dem, was wir da finden, zu integrieren mit dem Besten von dem, was wir in den Humanwissenschaften gefunden haben. Wenn Psychiater, Psychologen, Mediziner und andere Berufe uns fragen: „Sag mir, wie unterscheidet ihr euch von uns?" dann muß uns diese Frage eine Herausforderung sein, die Grenzen unserer technokratischen Gesellschaft zu überschreiten und mit erneuerter

Glut zu verkündigen, daß der Herr auferstanden, wirklich auferstanden ist. Die Versuchung ist groß, unsere Verkündigungsaufgabe zu vergessen und auf eine oberflächliche Professionalisierung zu setzen. Ich bin aber überzeugt, daß tief in unserem Herzen eine Stimme laut wird, die uns immer wieder zurückruft zu der anstrengenden, aber fröhlichen Aufgabe, die Gute Nachricht zu verkünden.

Ich möchte schließen mit der Geschichte von dem enttäuschten Rabbi, der:

„dessen überdrüssig war, Sünder mit dem Zorn Jahwes zu erschrecken ... und die Demütigen mit seiner Güte zu stärken. Und so verließ er die Synagoge, machte sich verkleidet auf seine Wanderungen. Er kam zu einer alten Frau, die sterbend in ihrer ärmlichen Hütte lag. ‚Warum bin ich geboren worden', fragte die alte Frau, ‚wenn nichts als Unglück mein Los war, solange ich mich erinnern kann?' ‚Damit du es tragen solltest', war die Antwort des verkleideten Rabbi, und das gab dem Geist der alten Frau Ruhe.

Als er das Bettuch über ihr Gesicht zog, beschloß er, von nun an stumm zu sein.

Am dritten Tag seiner Wanderungen begegnete er einem jungen bettelnden Mädchen, das sein totes Kind auf dem Rücken trug. Der Rabbi half, das Grab zu graben; sie hüllten den mageren Körper in ein Tuch, legten ihn in die Grube, deckten sie zu, brachen das Brot und auf jedes Wort des Bettelmädchens antwortete der Rabbi mit Gesten. ‚Das arme

Ding hat nichts, weder Freude noch Schmerz gehabt. Glaubst du, es war wert, geboren zu werden?'

Zuerst machte der Rabbi in seiner Verlegenheit keine Bewegung, aber als das Mädchen auf einer Antwort bestand, nickte er. Daraufhin beschloß er, sowohl taub wie stumm zu sein. Er versteckte sich vor der Welt in einer Höhle. Dort begegnete er niemandem außer einem Frettchen. Sein Fuß war verletzt, daher verband der Rabbi es mit Blättern; daraufhin brachte ihm das Frettchen seine schmackhaften Samen. Der Eremit betete, das schmächtige Tier wackelte mit seiner Nase und die beiden gewöhnten sich aneinander. Eines Nachmittags stürzte sich ein Kondor von großer Höhe herab und da das Frettchen sich am Eingang der Höhle in der Sonne räkelte, trug er es vor den Augen des Rabbi davon. Da dachte der Rabbi, es sei besser, wenn er auch die Augen verschlösse. Aber so – blind, stumm und taub – konnte er nichts anderes tun, als auf den Tod zu warten, der es, das fühlte er, nicht eilig zu haben schien. Er gürtete seine Lenden und kehrte zu seiner Gemeinde zurück. Von neuem predigte er ihnen das Thema des Guten und des Bösen gemäß dem Gesetz Jahwes. Er tat, was er zuvor getan hatte und wurde stark in seiner Beschämung."[1]

Wir möchten vielleicht manchmal von zu Hause weglaufen, um uns zu verstecken und für eine Zeitlang den Tauben, Stummen und Blinden zu spielen. Aber wir sind Geistliche. Nicht nur Sterbende und einsame Menschen, sondern auch kleine Frettchen erinnern uns daran. Und daher bleiben wir dabei, zu unseren Gemeinden zurückzukehren, treu unserer Berufung. So werden wir stärker in Demut und Liebe.

Anmerkungen

PROLOG

[1] Vgl. Abraham Joshua Heschel, Man is not alone (New York 1951) S. 161.
[2] Vgl. Seward Hiltner, Preface to Pastoral Theology (New York 1954).

DURCH ERINNERN HEILEN

[1] Vgl. Elie Wiesel, Legends of our time (New York 1968). S. 123 128.
[2] Vgl. André Malraux, Anti-Memoirs (New York 1970) S. 125.
[3] Vgl. Theophan der Eindiedler in: Igumen Chariton (Hrsg.), The Art of Prayer (London 1966) S. 86 98.

DURCH ERINNERN HALT GEBEN

[1] Elie Wiesel, Gezeiten des Schweigens (München 1963).
[2] Ders., Ein Bettler in Jerusalem (München 1970).
[3] Vgl. Brevard S. Childs, Memory and tradition in Israel (London 1962) S. 56 60.
[4] Vgl. Alfred Delp, Im Angesicht des Todes (Frankfurt a. M. ^{9}1965).
[5] Vgl. Dietrich Bonhoeffer, Widerstand und Ergebung. Aufzeichnungen aus der Haft, hrsg. von Eberhard Bethge (München ^{2}1977).

DURCH ERINNERN FÜHREN

[1] Elie Wiesel, Die Pforten des Waldes (München 1966) S. 257 f.
[2] Ebd. S. 249 f.
[3] Vgl. Harry James Cargas, In conversation with Elie Wiesel (New York 1976) S. 121 f.
[4] Elie Wiesel, Die Pforten des Waldes, Einleitungsblatt.
[5] Vgl. Jean Leclercq, The love of learning and the desire for God. A study of monastic culture (New York 1961) S. 21 f.
[6] Vgl. The Art of Prayer, a.a.O., S. 51.
[7] Ebd. S. 119.

EPILOG

[1] Vgl. George Konrad, The case worker (New York 1974) 130 f.

*Veröffentlichungen von Henri J. M. Nouwen
im Verlag Herder:*

Feuer, das von innen brennt
Stille und Gebet

„Der Mensch bedarf der Einsamkeit, des Schweigens und des Gebetes. Diese Begriffe, zu denen Menschen unserer Zeit oft schwer Zugang haben, versucht Nouwen in der Sprache unserer Zeit aufzubereiten und dem Menschen näherzubringen." *(Christlich-pädagogische Blätter)*

5. Auflage. 96 Seiten, Paperback. ISBN 3-451-19427-9

In ihm das Leben finden
Einübungen

„Der Autor will eine einführende Auskunft darüber geben, was eigentlich geistliches Leben bedeutet und wie man es im alltäglichen Leben verwirklichen kann."
(Deutsche Tagespost)

3. Auflage. 104 Seiten, Paperback. ISBN 3-451-19549-6

Gebete aus der Stille

„Das Trappistenkloster im Genesee-Tal, in der Nähe von New York, bildet den anschaulichen und atmosphärischen Hintergrund dieses Buches. Allein das Beten war der Grund, warum Nouwen wieder für einige Monate in das Kloster ging. Am Ende jeden Tages formulierte er ein einfaches Gebet, das er aufschrieb. So entstanden Gebete in einer Sprache, wie sie jeder versteht: in der Sprache der tagtäglichen Erfahrung."

3. Auflage. 136 Seiten, gebunden. ISBN 3-451-19633-6

Sterben, um zu leben
Abschied von meiner Mutter

„Seine Erinnerungen an das Sterben seiner Mutter unterscheiden sich vorteilhaft von zahlreichen ähnlichen Berichten, einfache Worte eines schmerzvollen Abschieds in christlicher Hoffnung." *(Die Presse, Wien)*

„Ein unerhört tiefes Buch." *(Zeichen der Liebe)*

128 Seiten, Paperback. ISBN 3-451-19857-6

Das geteilte Leid
Heute christlich leben

„Das Buch entstand aus Gesprächen und ist ein Appell, in einer Welt der Mitleids- und Rücksichtslosigkeit Barmherzigkeit zu lernen und zu üben und damit das Fundament für eine neue Solidarität zwischen den Menschen und in der Gesellschaft zu legen." *(Kathpress, Wien)*

176 Seiten, Paperback. ISBN 3-451-19714-6

Wohin willst du mich führen
Notizen aus Lateinamerika

„Nouwens Buch enthält Betrachtungen über Peru und Bolivien. Dort begegnet der Autor dem Leid in all seinen Formen. Er bietet eine geistliche Entwicklungshilfe an. Ein aufrüttelndes Buch, das den Mut zur Wahrheit hat und zur brennenden Frage an uns wird." *(Belgischer Rundfunk)*

256 Seiten, Paperback. ISBN 3-451-19885-1

Verlag Herder Freiburg · Basel · Wien